MAU HUMOR

MAU HUMOR
Uma antologia definitiva de frases venenosas

Edição e tradução RUY CASTRO

3ª reimpressão

Copyright da edição e tradução © 2002 by Ruy Castro

Capa
Jeff Fisher

Preparação
Beatriz de Freitas Moreira

Revisão
Renato Potenza Rodrigues
Thaíse Costa

Dados Internacionais de Catalogação na Publicação (CIP)

(Câmara Brasileira do Livro, SP, Brasil)

Castro, Ruy
    Mau humor : uma antologia definitiva de frases venenosas / Ruy
Castro. — São Paulo : Companhia das Letras, 2007.

    ISBN 978-85-359-1139-8

    1. Citações — Coletâneas 2. Humorismo I. Título

07-8713   CDD-808.87

Índices para catálogo sistemático:

1. Antologias : Frases de humor e sátira : Literatura 808.87

2. Humor e sátira : Frases : Antologias : Literatura 808.87

2014

Todos os direitos desta edição reservados à
EDITORA SCHWARCZ S.A.
Rua Bandeira Paulista, 702, cj. 32
04532-002 — São Paulo — SP
Telefone: (11) 3707-3500
Fax: (11) 3707-3501
www.companhiadasletras.com.br
www.blogdacompanhia.com.br

ÍNDICE

A
Abstinência *13*
Adolescência *13*
Adultério *13*
Advogados *16*
África *17*
Água *17*
Aids *17*
Álibi *17*
Alma *18*
Amantes *18*
Americanos *18*
Amigos *19*
Amor *20*
Anatomia *22*
Animais *23*
Aniversário *24*
Aposentadoria *24*
Artes plásticas *24*
Assassinato *25*
Atores *26*
Atração *27*
Autobiografia *28*
Autoridades *28*
Avião *29*
Avô *29*

B
Baianos *30*

Bancos *30*
Bandeira nacional *30*
Bater (em mulher) *31*
Beber *31*
Beijo *34*
Beleza *35*
Boas maneiras *35*
Bondade *37*
Brasil *37*
Brasileiros *39*
Brasília *39*
Burocracia *40*
Burrice *40*

C
Café-da-manhã *41*
Califórnia *41*
Cama *41*
Camisinha *42*
Canalhas *43*
Cantores *43*
Capitalismo *44*
Caráter *44*
Cariocas *44*
Carnaval *45*
Carreira *45*
Carro *46*
Cartas *46*
Casamento *46*

Castidade 52
Catástrofes 53
Catolicismo 53
Censura 54
Chatos 54
Chorar 54
Ciência 55
Cinema 55
Cinismo 56
Ciúme 56
Civilização 58
Coerência 58
Comédia 58
Comer 58
Comissão 59
Computador 59
Comunismo 60
Conciliação 61
Confiança 61
Confissões 62
Conquista 62
Consciência 63
Conselhos 63
Conservadores 64
Contradições 64
Convivência 64
Coquetéis 65
Coragem 65
Corpo 65
Corrupção 65
Covardia 66
Cozinha 66
Crianças 67
Crime 69
Crise 69
Cristianismo 69

Cristo 70
Críticos 71
Culpa 71

D
Dança 72
Democracia 72
Demônio 73
Desconfiança 73
Desculpas 74
Desencontros 74
Desprezo 75
Deus 75
Diamantes 79
Dicionário 79
Dieta 79
Digestão 81
Dinheiro 81
Diplomacia 84
Direitos 84
Discrição 85
Disney World 85
Dívida 85
Divórcio 85
Drogas 86

E
Economia 88
Educação 89
Educação sexual 89
Eficiência 90
Egoísmo 90
Elegância 90
Emprego 90
Energia nuclear 91
Enriquecer 91

Epitáfios *91*
Erotismo *92*
Errar *93*
Estatais *93*
Etiqueta *94*
Excesso *94*
Ex-mulher *95*
Experiência *96*
Expert *96*

F
Família *97*
Fantasias *98*
Fatos *98*
Fé *99*
Feiúra *99*
Felicidade *100*
Feministas *101*
Fidelidade *102*
Filhos *102*
Filosofia *104*
Fofoca *105*
Fome *106*
Fotografia *106*
Fracasso *106*
Franceses *107*
Fumar *107*
Futebol *108*
Futuro *109*

G
Galinhagem *111*
Garfo *111*
Gaúchos *111*
Gênios *112*
Ginástica *112*

Gosto *113*
Governo *113*
Greve *114*
Guerra *114*
Guerra dos sexos *115*

H
Heróis *117*
História *117*
Hollywood *119*
Homens *119*
Homossexualismo *121*
Honestidade *124*
Hotéis *124*
Humanidade *125*
Humildade *126*
Humor *126*

I
Idade *127*
Idade Média *129*
Idéias *130*
Ideologia *130*
Idiota *130*
Ignorância *131*
Igreja *131*
Igualdade *131*
Ilegal *132*
Ilusão *132*
Imagem *132*
Imoralidade *132*
Imortalidade *133*
Impostos *133*
Impotência *134*
Impunidade *135*
Incesto *135*

Incompetência 135
Infância 136
Inferiores 136
Inferno 136
Ingleses 137
Ingratidão 137
Inimigos 138
Intelectuais 139
Inteligência 139
Intuição 140

J
Japoneses 141
Jazz 141
Jornalismo 141
Judeus 143
Justiça 144
Juventude 144

L
Ladrão 146
Lar 146
Lei 147
Liberadas 147
Liberdade 148
Limpeza 149
Línguas 149
Literatura 150
Lobby 153
Londres 153
Los Angeles 154
Lua-de-mel 154
Luxo 154

M
Macho 156

Mães 157
Mágoa 158
Maldade 158
Maridos 158
Martírio 160
Marxismo 160
Masturbação 161
Matemática 162
Maturidade 162
McDonald's 163
Medicina 163
Medo 164
Memória 164
Ménage à trois 165
Mentira 165
Miami 166
Militares 166
Mineiros 167
Missionários 167
Moda 167
Monarquia 169
Monogamia 169
Moralismo 170
Morte 170
Mulheres 172
Mundo 175
Música 175

N
Nação 177
Namoro 177
Narcisismo 177
Natureza 178
Negócios 178
Nepotismo 179
Noiva 179

Nova York *179*
Novelas *180*
Novos-ricos *180*
Nudez *180*

O
Obscenidade *182*
Obsoleto *182*
Obstinação *182*
Óbvio *183*
Ócio *183*
Ódio *183*
Ópera *184*
Operários *185*
Orgasmo *185*
Orgulho *185*
Oriente Médio *185*
Otários *186*
Otimismo *186*

P
Pais *187*
Paixão *188*
Palavrões *189*
Paquera *190*
Paris *190*
Passado *190*
Patriotismo *191*
Patrões *191*
Pecado *191*
Pena de morte *191*
Pênis *192*
Perdão *193*
Permissividade *194*
Pescaria *194*
Pessimismo *194*

Pirataria *194*
Plágio *195*
Pobres *195*
Poder *195*
Poesia *196*
Política *196*
Poluição *198*
Pornografia *198*
Presentes *199*
Princípios *199*
Problemas *199*
Profundidade *199*
Progresso *200*
Prostituição *201*
Protestantismo *201*
Psicanálise *201*
Psiquiatria *203*
Publicidade *203*
Público *204*
Pudor *204*
Pureza *205*
Puritanismo *205*

R
Radicais *206*
Rádio *206*
Razão *206*
Reencarnação *207*
Religião *207*
Restaurantes *208*
Revolução *208*
Ricos *209*
Rio de Janeiro *210*
Rock 'n' Roll *211*
Ronco *212*

S
Sado-Masô 213
Santo 213
São Paulo 214
Saúde 214
Século XX 215
Seios 216
Separações 216
Sexo 217
Sexo oral 220
Silêncio 220
Sinceridade 221
Socialismo 221
Sociedade 222
Sofrimento 222
Sogras 222
Sol 223
Solidão 223
Solução 224
Sorte 224
Subdesenvolvimento 225
Sucesso 225
Suíça 228
Suicídio 228

T
Talento 229
Teatro 229
Tecnocratas 230
Tédio 230
Televisão 230

Tentações 232
Tipos 232
Trabalho 233
Transportes 233

U
Últimas palavras 234
Unanimidade 236

V
Vaidade 237
Verdade 238
Vergonha 239
Viagens 240
Vida 240
Vingança 241
Violência 241
Virgindade 242
Virtude 243
Viúvos 243

X
Xenofobia 245

Z
Zangão 246
Zé-Povinho 246

Índice de autores 247
Sobre o autor 267

MAU HUMOR

A

ABSTINÊNCIA

A abstinência é uma boa coisa, desde que praticada com moderação. — Anônimo

Mostre-me um homem que não beba e eu lhe provarei que ele é parte camelo. — W. C. Fields

Não consigo ficar sóbrio o tempo suficiente para achar graça em ficar sóbrio. — F. Scott Fitzgerald

ADOLESCÊNCIA

Toda sociedade tem os adolescentes que merece. — J. B. Priestley

ADULTÉRIO

[*Citando uma conhecida dama da sociedade carioca*:]
Antes à tarde do que nunca. — Zozimo Barrozo do Amaral

O homem chifrado por uma mulher feia é mais corno do que os outros. — André Birabeau

Dois homens traídos pela mesma mulher tornam-se uma espécie de parentes. — Alfred Capus

O fardo do casamento é tão pesado que precisa de dois para carregar. Às vezes, três. — Alexandre Dumas, *père*

Mulher de amigo meu pra mim é ótimo. — Falcão

É uma pena que uma mulher não possa ter um amante sem tornar seu marido um corno. — Georges Feydeau

Alguns maridos só servem para ser cornos e, mesmo assim, ainda precisam da ajuda da mulher. — Georges Feydeau

[*Referindo-se ao fato de toda mulher suspirar por Clark Gable em* ... E o vento levou:]
Todo homem é corno de Rhett Butler. — Paulo Garcez

A mulher que teve a infelicidade de se casar com um corno só pode se consolar dormindo com todo mundo. — Sacha Guitry

Eu não trairia um marido porque, quando olhasse para ele, teria de dizer: "Poxa, mas esse cara é um corno!". E eu não quero um corno como marido. — Danuza Leão

Nada como uma boa dose de outra mulher para fazer um homem apreciar mais a sua. — Clare Boothe Luce

Eu sou um corno sofrido. — Tim Maia

É perigoso ter muitas mulheres. Quem tem seis, por exemplo, tem cinco oportunidades de ser passado para trás. — Antonio Maria

Atrás de todo homem bem-sucedido, existe uma mulher. E, atrás desta, existe a mulher dele. — Groucho Marx

O homem casado, se não transar com as amigas da mulher, vai transar com quem? — Eduardo Mascarenhas

Os tasmanianos, por exemplo, que nunca praticaram o adultério, se extinguiram. — W. Somerset Maugham

O adultério é a democracia aplicada ao amor. — H. L. Mencken

Dor-de-cotovelo é patente nossa. Eu acho que o brasileiro já nasceu escalado para dor-de-cotovelo. — Ciro Monteiro

Todo marido tem a infidelidade que merece. — Zelda Popkin

O marido enganado é um homem que se engana a respeito da mulher que o engana. — Stanislaw Ponte Preta

Lavar a honra com sangue suja a roupa toda. — Stanislaw Ponte Preta

"Corno" — que estranho que essa palavrinha não tenha feminino. — Jules Renard

Não existe família sem adúltera. — Nelson Rodrigues

Meu melhor amigo fugiu com minha mulher. E quer saber? Sinto falta dele. — Henny Youngman

ADVOGADOS

Para que serve um advogado honesto quando o que você precisa é de um advogado desonesto? — Eric Ambler

Um júri é um grupo de pessoas escolhidas para decidir quem tem o melhor advogado. — Robert Frost

Não preciso de advogados para me dizer o que não devo fazer. Eu os contrato para me dizer como fazer o que quero fazer. — J. Pierpont Morgan

Só fui à falência duas vezes. A primeira, quando perdi uma causa. A segunda, quando a ganhei. — Voltaire

ÁFRICA

A descoberta do clarinete por Mozart foi uma contribuição maior do que tudo que a África nos deu até hoje. —
Paulo Francis

O Brasil está a caminho de converter-se no país mais ocidental da África. — Delfim Netto

ÁGUA

[*Ao ser perguntado por que nunca bebia água:*]
Peixes fodem nela. — W. C. Fields

AIDS

A Aids é um vírus. Vírus são organismos vivos. Como, para a Igreja católica, todos os vírus são criaturinhas de Deus, isso coloca os da Aids na mesma categoria dos esquilos, rouxinóis e ursinhos-panda. — Barbara Gancia

ÁLIBI

A verdade é sempre o álibi perfeito. — W. R. Burnett

ALMA

Quero desnudar minha alma. Não quero uma alma vestida de ceroulas. — Eduardo Mascarenhas

AMANTES

Uma amante pode ser tão incômoda quanto uma esposa, quando se tem só uma. — Lord Byron

A amante perfeita é aquela que se transforma numa pizza às quatro da manhã. — Charles Pierce

Sempre achei mais perigoso dar em cima da amante de alguém do que da mulher desse alguém. — Harold Robbins

As amantes nunca pensam que serão abandonadas. E, no entanto, foram feitas para isso. — Mario da Silva Brito

Amante é o namorado que leva pijama. — Luis Fernando Verissimo

AMERICANOS

Os americanos aceitam que o sujeito seja alcoólatra, drogado, grosseiro com a mulher ou até mesmo jornalista. Mas, se não dirige automóvel, é porque há alguma coisa errada com ele. — Art Buchwald

As mulheres americanas esperam encontrar em seus maridos uma perfeição que as mulheres inglesas só esperam encontrar em seus copeiros. — W. Somerset Maugham

Ninguém até hoje perdeu dinheiro por subestimar a inteligência do povo americano. — H. L. Mencken

AMIGOS

Amigo é aquele que sabe tudo a seu respeito e, mesmo assim, ainda gosta de você. — Kim Hubbard

As coisas mais desagradáveis que os nossos piores inimigos nos dizem pela frente não se comparam com as que nossos amigos dizem de nós pelas costas. — Alfred de Musset

O amigo nunca é fiel. Só o inimigo não trai nunca. O inimigo vai cuspir na cova da gente. — Nelson Rodrigues

Devem-se escolher os amigos pela beleza, os conhecidos pelo caráter e os inimigos pela inteligência. — Oscar Wilde

A melhor maneira de começar uma amizade é com uma boa gargalhada. De terminar com ela, também. — Oscar Wilde

AMOR

O que é melhor: amar ou ser amado? Nenhum dos dois, se a sua taxa de colesterol for muito alta. — Woody Allen

Os esquimós têm 52 palavras para designar a neve porque ela é muito importante para eles. Deveria haver outras tantas para o amor. — Margaret Atwood

O amor é uma insanidade passageira, curável pelo casamento. — Ambrose Bierce

Nada é mais potente contra o amor do que a impotência. — Samuel Butler

Amar é abanar o rabo. — Cazuza

Acho as mulheres um saco. Sempre achei. Amo Mickey Mouse mais do que qualquer mulher que já conheci.— Walt Disney

Sempre digo que uma mulher só deve se casar por amor — e continuar se casando até encontrá-lo. — Zsa Zsa Gabor

Se as duas pessoas se amam, não pode haver final feliz. — Ernest Hemingway

Sabe o que é melhor do que ser bandalho ou galinha? Amar. O amor é a verdadeira sacanagem. — Antonio Carlos Jobim

Amar é... ser a primeira a reconhecer o corpo dele no Instituto Médico-Legal. — Ivan Lessa

Não se ama duas vezes a mesma mulher. — Machado de Assis

Ninguém me ama, ninguém me quer/ Ninguém me chama de Baudelaire. — Antonio Maria

O amor é apenas um truque sujo em que a natureza nos faz cair para assegurar a perpetuação da espécie. — W. Somerset Maugham

Amor é o que acontece entre um homem e uma mulher que não se conhecem muito bem. — W. Somerset Maugham

O amor é a ilusão de que uma mulher é diferente das outras. — H. L. Mencken

No amor só duas coisas contam: corpos e palavras. — Joyce Carol Oates

O amor não é o gemido plangente de um violino distante, mas o triunfante zunido da mola de um colchão. — S. J. Perelman

Nosso amor é tão bonito, ela finge que me ama e eu finjo que acredito. — Nelson Sargento

No amor, as mulheres são profissionais; os homens, amadores. — François Truffaut

Amar é ser estúpidos juntos. — Paul Valéry

O amor tudo pode, exceto contra a pobreza e a dor de dente. — Mae West

Ama o teu próximo — se ele for alto, moreno e bonitão, será muito mais fácil. — Mae West

O amor é quando começamos por enganar a nós mesmos e terminamos por enganar a outra pessoa. — Oscar Wilde

ANATOMIA

Anatomia é destino. — Sigmund Freud

Anatomia é uma coisa que só fica bem em mulher. — Max Nunes

Ainda bem que Sophia Loren é mulher. Um corpo como aquele seria um desperdício num homem. — Groucho Marx

Nada mais raro do que um traseiro nas parisienses. — Edmond e Jules de Goncourt

As inglesas são tão refinadas! Não têm nem peitos nem bunda! — Stevie Smith

Toda inglesa tem dois braços esquerdos. — Antoine de Rivarol

O joelho é a favela do esqueleto. — Murilinho de Almeida

A vagina é o principal órgão sexual feminino. Seu ponto mais sensível é o clitóris, que fica na entrada, como um guichê. Daí a insistência da sua parceira para que você passe primeiro por ele antes de entrar. — Luis Fernando Verissimo

ANIMAIS

O único animal que faz sexo por prazer é o homem. E algumas mulheres. — Anônimo

No oitavo dia de jornada, um camelo riu como gente. Mas conseguiu manter sua dignidade. — Don Rossé Cavaca

Meu animal favorito? Bife. — Fran Lebowitz

O melhor amigo do homem é o uísque. O uísque é o cachorro engarrafado. — Vinicius de Moraes

O macaco é um animal muito simpático para que o homem descenda dele. — Friedrich Nietzsche

O mais nobre de todos os cachorros é o cachorro-quente. Ele alimenta a mão que o morde. — Laurence J. Peter

A minhoca teve um papel importantíssimo na história da Criação. Até a invenção da isca artificial. — Luis Fernando Verissimo

Uma mulher só precisa de quatro animais na vida: uma raposa no armário, um tigre na cama, um Jaguar na garagem e um burro para pagar por tudo isso. — Mae West

ANIVERSÁRIO

Feliz aniversário! Pode ser o último. — Robert Benayoun

APOSENTADORIA

A maneira mais segura de melhorar a sua aposentadoria é morrer mais cedo. — Sérgio Augusto

ARTES PLÁSTICAS

Escrever sobre arte é como dançar sobre arquitetura. — Anônimo

Qualquer idiota é capaz de pintar um quadro. Mas só um gênio é capaz de vendê-lo. — Samuel Butler

A arte abstrata é um produto dos incompetentes, vendida pelos inescrupulosos e comprada pelos imbecis. — Al Capp

Os quadros que eles penduram nos restaurantes não são muito melhores do que a comida servida nos museus. — Peter de Vries

A vanguarda de ontem é o chique de hoje e o clichê de amanhã. — Richard Hofstadter

Se Botticelli vivesse hoje, estaria trabalhando para a *Vogue*. — Peter Ustinov

Os museus estão abarrotados desse ferro-velho que os vigaristas chamam de "instalações". — Paulo Francis

ASSASSINATO

[*Ao saber que Marat fora assassinado na banheira por Charlotte Corday, durante a Revolução Francesa:*]

Pobre Marat. E justamente na única vez em que resolveu tomar banho. — Antoine de Rivarol

O assassinato é a forma extrema de censura. — George Bernard Shaw

É um velho problema, aquele que torna a vida tão difícil para os assassinos: o que fazer com o cadáver? —
P. G. Wodehouse

ATORES

Robert de Niro nunca fica gripado. Os germes não o suportam. — Anônimo

Audrey Hepburn foi a única mulher diet que deu certo. — Sérgio Augusto

Odeio Bette Davis. Se pudesse, arrancaria cada fio do seu bigode. — Tallulah Bankhead

Qualquer idiota consegue ganhar a vida representando. Shirley Temple, por exemplo, já fazia isso aos quatro anos. — Katharine Hepburn

[*Sobre uma atuação de Katharine Hepburn em teatro*:]
Ela desfiou todo o seu leque de emoções — de A a B. — Dorothy Parker

Ninguém tem um elenco como Walt Disney. Quando ele não gosta de um ator, simplesmente o apaga. — Alfred Hitchcock

Estou em Hollywood há tanto tempo que conheci Doris Day antes que ela ficasse virgem. — Groucho Marx

A maior parte do tempo, Marlon Brando fala como se tivesse a boca cheia de papel higiênico ensopado. — Rex Reed

A arte de representar consiste apenas em impedir a platéia de tossir. — Ralph Richardson

Humphrey Bogart é um cara sensacional até as onze e meia da noite. A partir daí, ele pensa que é Humphrey Bogart. — Mike Romanoff

Diziam que Tom Mix cavalgava como se fizesse parte do cavalo. Mas nunca disseram qual parte. — Robert Sherwood

ATRAÇÃO

Deus foi a serpente que enganou Eva. — Peter Ackroyd

Quando um homem começa a se sentir muito protetor perante uma mulher, é tempo de alguém pensar em protegê-lo. — Nicholas Blake

Quando vejo que vou me interessar por uma pessoa, já começo a imaginá-la palitando os dentes, enfiando o dedo no nariz e até coisas piores, que é para tirá-la logo da cabeça. — Clodovil

O homem médio está mais interessado numa mulher que esteja interessada nele do que numa mulher com belas pernas. — Marlene Dietrich

Sempre fui muito mais desejada do que desejei. — Carmen Miranda

[*Quando lhe perguntaram que espécie de mulher ela era*:]
Desculpe, mas não posso distribuir amostras. — Mae West

AUTOBIOGRAFIA

Uma autobiografia é um obituário em forma de seriado, ao qual falta o último capítulo. — Quentin Crisp

Nunca li uma autobiografia honesta. Noventa por cento das autobiografias são 100% ficção. Se as pessoas escrevessem a verdade sobre si próprias, não haveria cadeia que chegasse. — Groucho Marx

AUTORIDADES

É perigoso ter razão em assuntos sobre os quais as autoridades estabelecidas estão erradas. — Voltaire

AVIÃO

Para quem nunca voou num Fokker, um aviso: Fokker é uma corruptela de *fuck you*. — Sérgio Augusto

O avião é mais pesado que o ar, tem motor a explosão e foi inventado por brasileiro. E você ainda quer que eu entre nele? — Vinicius de Moraes

AVÔ

Fecundado pela palavra avô, fiquei irremediavelmente grávido de meus netos. — Aldir Blanc

B

BAIANOS

Baiano não nasce. Estréia. — Anônimo

Baiano não dá bandeira. Hasteia. — Ivan Lessa

BANCOS

O que é assaltar um banco, comparado com fundar um banco? — Bertolt Brecht

Um banco é um estabelecimento que nos empresta um guarda-chuva num dia de sol e o pede de volta quando começa a chover. — Robert Frost

Mais vale um papagaio na mão do que dois cheques voadores. — Agamenon Mendes Pedreira

BANDEIRA NACIONAL

[*Sugestão de nova frase para a bandeira*:]
Acordem e progresso! — Carlito Maia

[*Avaliação estética da bandeira*:]
Tão feinha, coitadinha. — Vinicius de Moraes

BATER (EM MULHER)

Um cavalheiro é um homem que jamais bate numa mulher sem primeiro tirar o chapéu. — Fred Allen

Certas mulheres deveriam apanhar regularmente, como gongos. — Noël Coward

Nunca bati numa mulher em toda a minha vida. Nem mesmo na minha própria mãe. — W. C. Fields

Bater, só a pedidos. — Danuza Leão

Toda mulher gosta de apanhar. Menos a neurótica. O homem é que não gosta de bater. — Nelson Rodrigues

Há mulheres que gostam de apanhar. E você tem de bater, senão elas estranham. — Renato Gaúcho

BEBER

[*Ao ser advertido de que beber era um suicídio lento*:]
E quem está com pressa? — Robert Benchley

A humanidade está sempre três uísques atrasada. — Humphrey Bogart

Nunca aceite um drinque de um urologista. — Erma Bombeck

Na realidade, basta um drinque para me deixar mal. Mas nunca sei se esse drinque é o 13º ou o 14º. — George Burns

Para ser perfeito, um botequim tem de ser um pouco fedorento. Aquela mosquinha voando por cima do tira-gosto é fundamental. — Hugo Carvana

O laboratório encontrou urina no meu martíni. — W. C. Fields

Certa vez, durante a Lei Seca, fui obrigado a passar dias a comida e água. — W. C. Fields

Uma mulher me levou a beber. E eu nem ao menos lhe agradeci por isso. — W. C. Fields

Sempre trago comigo uma garrafa, para o caso de ver uma cobra — que também sempre trago comigo. — W. C. Fields

Minha força de vontade é tão incrível que nunca bebo nada mais forte do que gim antes do café-da-manhã. — W. C. Fields

Gargarejo com uísque várias vezes ao dia e há anos não tenho um resfriado. — W. C. Fields

Meu pai me ensinou a nunca apostar minha bexiga contra uma destilaria. — Lane Kirkland

Posso adivinhar o passado de uma mulher pela maneira como ela segura o cigarro, e o futuro de um homem pela maneira como ele segura o copo. — Sacha Guitry

Nunca deixei que meus filhos se levantassem da mesa antes de terminar seus martínis. — Oscar Levant

Um homem não pode ser considerado bêbado se consegue ficar deitado no chão sem se escorar em algum lugar. — Joe E. Lewis

O álcool odeia quem o ama. — Carlito Maia

Prefiro dormir com um canibal sóbrio do que com um cristão bêbado. — Herman Melville

Nenhum homem casado pode se considerar feliz se tem de beber pior uísque do que bebia em solteiro. — H. L. Mencken

Bebo para tornar as outras pessoas interessantes. — George Jean Nathan

Não jogue bebida no chão. Nosso santo não bebe e você não limpa, seu lambão. — "Seu" Oswaldo

O trabalho é a perdição das classes bebedoras. — Mike Romanoff

Só quem bebe tem absoluta certeza de que o mundo gira. — Savinho

[*A respeito de W. C. Fields*:]
Se não fossem as azeitonas em seus martínis, ele já teria morrido de inanição há muito tempo. — Mae West

BEIJO

O homem perde o senso de direção depois de quatro drinques. A mulher, depois de quatro beijos. — H. L. Mencken

Um beijo pode ser uma vírgula, um ponto de interrogação ou um ponto de exclamação. E isso é o que uma garota precisa aprender de gramática. — Mistinguett

O homem rouba o primeiro beijo, implora pelo segundo, exige o terceiro, recebe o quarto, aceita o quinto e suporta os restantes. — Helen Rowland

Beijei a primeira mulher e fumei o primeiro cigarro no mesmo dia. Desde então, nunca mais tive tempo para fumar. — Arturo Toscanini

Uma garota precisa adquirir um bocado de experiência para beijar como uma principiante. — Lana Turner

O beijo de um homem é a sua assinatura. — Mae West

BELEZA

A natureza lhe deu o rosto que você tem aos vinte anos. Cabe a você merecer o que terá aos cinqüenta. — Coco Chanel

Estou cansada dessa história de a beleza ser uma coisa epidérmica. Para mim, isso já é profundo o suficiente. O que eles querem? Um pâncreas sensual? — Jean Kerr

Qualquer mulher pode ser glamourosa. Basta ficar parada e fazer um ar de burra. — Hedy Lamarr

Deixemos as mulheres bonitas aos homens sem imaginação. — Marcel Proust

A beleza é uma coisa ótima a princípio, mas quem quer olhar para ela depois de vê-la andando pela casa durante três dias? — George Bernard Shaw

BOAS MANEIRAS

Não cruze as pernas no meio da sala. Se você quer mostrá-las, leve duas ou três pessoas de cada vez para um cantinho discreto. — Leon Eliachar

Sou a favor do costume de beijar as mãos de uma mulher quando lhe somos apresentados. Afinal, é preciso começar por algum lugar. — Sacha Guitry

[*Ao ser solicitado pela esposa do governador da Paraíba, numa festa na fazenda do casal, a improvisar tendo como mote o famoso verso de Gonçalves Dias, "que os anos não trazem mais":*]

Foi quando Tomé de Sousa/ Desembarcou na Bahia/ Logo no primeiro dia/ Passou o pau na esposa/ Ligeiro que nem raposa/ Comeu na frente e atrás/ Depois, na beira do cais/ Por onde os navio trafega/ Comeu o padre Nobréga/ Que os anos não trazem mais. — Zé Limeira

[*Numa referência ao livro de Anita Loos*, Gentlemen prefer blondes:]

Deus é um *gentleman*. Ele também prefere as louras. — Joe Orton

Alguém já parou para pensar que as louras também preferem os *gentlemen*? — Mamie van Doren

Ultimamente, quando um indivíduo abre a porta do carro para sua mulher, ou é um carro novo ou uma mulher nova. — Príncipe Philip da Inglaterra

Um homem bem-educado é aquele que sabe quais dedos usar ao assobiar pelo garçom. — Joan Rivers

O primeiro dever de um homem educado é se lembrar pela manhã do nome da mulher com quem ele foi para a cama. — Dorothy L. Sayers

O cavalheirismo não está apenas morto, mas em decomposição. — Preston Sturges

Boas maneiras só são indispensáveis para os feios. As pessoas bonitas podem se comportar de qualquer jeito. — Evelyn Waugh

Não sou um modelo de mulher. Um modelo não passa de uma imitação da realidade. — Mae West

BONDADE

Quando eu sou boa, sou ótima. Mas, quando sou má, sou muito melhor. — Mae West

BRASIL

O Brasil tem saída. Ainda não roubaram o Galeão. — Anônimo

A França teve um Mirabeau, mas é no Brasil que se passam as coisas mais mirabolantes. — Barão de Itararé

O Brasil é um país com negros de todas as cores. — Kankan Boadu

[*Ao ouvir a famosa frase, atribuída a De Gaulle, "O Brasil não é um país sério":*]

Muito antes do De Gaulle, todo brasileiro sério já sabia disso. — Carlos Heitor Cony

O Brasil é o país da grande véspera. — Carlos Heitor Cony

O Brasil é a melhor piada já contada por um português. — Fernando Pessoa Ferreira

Este é um país em que as prostitutas gozam, os traficantes cheiram e em que um carro usado vale mais que um carro novo. — Antonio Carlos Jobim

[*Numa referência ao livro* Brasil para principiantes, *do húngaro Peter Kellemen, best-seller nos anos 50:*]

O Brasil não é para principiantes. — Antonio Carlos Jobim

O Brasil tem 8 511 965 km² de extensão por sete palmos de profundidade. — Ivan Lessa

Brasil? Fraude explica. — Carlito Maia

O Brasil não tem bolsões de pobreza, tem bolsões de riqueza. — Joel Silveira

[*Ao assistir ao desfile das escolas de samba do Rio no Carnaval de 1978:*]

O Brasil é o último país feliz do mundo. — Franco Zeffirelli

BRASILEIROS

[*Projeto de Constituição simplificada para o Brasil:*]
Artigo 1º — Todo brasileiro devia ter vergonha na cara.
Artigo 2º — Revogam-se as disposições em contrário. — Capistrano de Abreu

O brasileiro é um povo com os pés no chão. E as mãos também. — Ivan Lessa

O brasileiro é o português dilatado pelo calor. — Eça de Queiroz

[*Referindo-se ao jeito airoso do brasileiro:*]
O brasileiro é um feriado. — Nelson Rodrigues

BRASÍLIA

Se Brasília fosse boa, Oscar Niemeyer moraria nela. — Anônimo

Uma prisão ao ar livre. — Clarice Lispector

Brasília será a mais bela ruína do século XX. — André Malraux

Em Brasília, quem não é da panelinha é da marmita. — Max Nunes

Não é uma cidade, mas uma pista de pouso e decolagem. — Tania Quaresma

Em Brasília, todos são inocentes e todos são cúmplices. — Nelson Rodrigues

BUROCRACIA

A burocracia é um terreno fértil: permite plantar funcionários e colher impostos. — Jules e Edmund de Goncourt

A burocracia continua a defender o *status quo*, muito depois que o *quo* já perdeu o *status*. — Laurence J. Peter

De dez em dez anos, toda a burocracia precisa ser fuzilada e trocada. — Joseph Stálin

BURRICE

Nenhum homem está isento de dizer asneiras. O problema é quando essas asneiras são ditas a sério. — Montaigne

Invejo a burrice, porque ela é eterna. — Nelson Rodrigues

C

CAFÉ-DA-MANHÃ

Pessoas que insistem em contar seus sonhos da noite passada estão entre os terrores do café-da-manhã. — Joan Rivers

Só os chatos são brilhantes no café-da-manhã. — Oscar Wilde

[*Ao ser lembrado por sua mulher, durante o café-da-manhã, que aquele era o aniversário de casamento deles:*]
Audrey, por favor — não enquanto eu estiver comendo. — Billy Wilder

CALIFÓRNIA

Um lugar ideal para viver — se você for uma laranja. — Fred Allen

CAMA

Nenhuma pessoa civilizada vai para a cama no mesmo dia em que se levantou dela. — Richard Harding Davis

Todos os homens que já tive foram para a cama com Gilda — e acordaram comigo. — Rita Hayworth

Ler e fumar na cama são duas coisas de que as mulheres se queixam no marido. Bolas, por que não perceberam isso antes de casar com ele? — Groucho Marx

Hoje em dia, estão fazendo coisas no cinema que eu não faria nem na cama — se pudesse. — Groucho Marx

Alguns dias nascem tão lindos que é um crime sair da cama. — W. Somerset Maugham

[*Quando lhe perguntaram quem era bom de cama:*]
Meu marceneiro. Só ele é capaz de fazer uma cama para o meu tamanho. — Jô Soares

[*Quando lhe perguntaram qual das duas, Marilyn Monroe ou Ava Gardner — com as quais ele teria transado no início dos anos 50 —, era melhor de cama:*]
Não sei. Naquele tempo quem não era bom de cama era eu. — Ibrahim Sued

CAMISINHA

O homem feliz não usava camisinha. — Millôr Fernandes

Homem que é homem não usa camisinha. Plastifica. — Fernando Pessoa Ferreira

Em rio que tem piranha, jacaré usa camisinha. — Agamenon Mendes Pedreira

Dura lex sed lex, no sem-cabelo só Jontex. — Agamenon Mendes Pedreira

CANALHAS

Prefiro os canalhas aos imbecis. Os canalhas, pelo menos, descansam de vez em quando. — Alexandre Dumas, *fils*

O brasileiro, quando não é canalha na véspera, é canalha no dia seguinte. — Nelson Rodrigues

Todo canalha é magro. — Nelson Rodrigues

CANTORES

Os cisnes cantam antes de morrer. Algumas pessoas deveriam morrer antes de cantar. — Samuel Taylor Coleridge

João Gilberto foi o único estrangeiro nos Estados Unidos que preferiu aprender inglês com Tarzan. — Telmo Martino

Alguns cantores têm o ouvido de Van Gogh para a música. — Billy Wilder

CAPITALISMO

O pior da interferência do Estado na economia é que ele proíbe atos de capitalismo explícito entre adultos consentidos. — Anônimo

O problema do sistema de lucro é que ele dá prejuízo à maioria das pessoas. — E. B. White

CARÁTER

Um homem que detesta crianças e cachorros não pode ser mau de todo. — W. C. Fields

Arte e caráter não têm nada a ver um com o outro, infelizmente. Ou felizmente. — Henfil

CARIOCAS

Os cariocas são que nem os absorventes íntimos usados pelas mulheres naqueles dias: apesar de bem situados, não aproveitam o melhor da vida. — Carlos Heitor Cony

Ser carioca é gostar de ovo frito em cima de qualquer prato. — Carlos Heitor Cony

Uma das raras virtudes do carioca é não ser paulista. — Janio de Freitas

Ser carioca é ter como programa não tê-lo. — Vinicius de Moraes

Ser carioca é, cada vez mais, padecer no paraíso. — Miguel Paiva

CARNAVAL

O melhor Carnaval brasileiro continua sendo o do Rio. A Bahia faz o melhor Carnaval africano. — Anônimo

O Carnaval é a única festa que justifica o calor. — Ribeiro Couto

O confete é o pior inimigo do uísque. — Aluizio Falcão

Quem nasce no Rio já vem com meio Carnaval andado. — Carlinhos Niemeyer

No Carnaval, alegoria de pobre dura pouco. — Agamenon Mendes Pedreira

CARREIRA

Ainda estou para ouvir um homem pedir conselhos sobre como conciliar o casamento e a carreira. — Gloria Steinem

Não importa o que uma mulher faça, ela tem de fazê-lo duas vezes melhor do que um homem para ser considerada 50% tão competente quanto ele. Felizmente, isso não é muito difícil. — Charlotte Whitton

Alguns executivos são tão dedicados a seu trabalho que mantêm sua secretária perto da cama, para o caso de terem uma idéia durante a noite. — Henny Youngman

CARRO

Nunca empreste o carro a quem você tenha dado à luz. — Erma Bombeck

CARTAS

É de bom-tom escrever cartas de amor. Há certas coisas que não fica bem pedir à amada frente a frente. Dinheiro, por exemplo. — Sacha Guitry

CASAMENTO

Casamento, *s. m*. Uma comunidade que consiste de um homem, uma mulher e um(a) amante, num total de duas pessoas. — Ambrose Bierce

Minha primeira mulher era muito infantil quando nos casamos. Um dia, eu estava tomando banho na banheira e ela afundou todos os meus barquinhos sem o menor motivo. — Woody Allen

Eu adorava aquela mulher. Só pensava em pô-la sob um pedestal. — Woody Allen

É claro que uma relação platônica é possível — mas só entre marido e mulher. — Anônimo

O casamento é o preço que os homens pagam pelo sexo. O sexo é o preço que as mulheres pagam pelo casamento. — Anônimo

Todo homem se descobre sete anos mais velho na manhã seguinte ao casamento. — Francis Bacon

Nenhum homem deveria se casar antes de ter estudado anatomia e dissecado o corpo de uma mulher. — Honoré de Balzac

O casamento não se compõe apenas de uma comunhão espiritual e de abraços apaixonados. Compõe-se também de três refeições por dia, lavar a louça e lembrar-se de pôr o lixo para fora. — Joyce Brothers

Todas as tragédias terminam em morte e todas as comédias em casamento. — Lord Byron

O casamento vem do amor, assim como o vinagre do vinho. — Lord Byron

Nunca me casei porque nunca precisei. Tenho três bichinhos em casa que, juntos, perfazem um marido: um cachorro que rosna de manhã, um papagaio que fala palavrões o dia todo e um gato que volta de madrugada para casa. — Maria Corelli

O casamento é como enfiar a mão num saco de serpentes na esperança de puxar uma enguia. — Leonardo da Vinci

O casamento já levou mais de um homem ao sexo. — Peter de Vries

Todas as mulheres deveriam se casar um dia. Os homens, nunca. — Benjamin Disraeli

O casamento civil é o que ninguém vê. O religioso é onde todo mundo se vê. — Leon Eliachar

Eu acredito no nó indissolúvel do casamento — desde que ele esteja bem atado em volta do pescoço da mulher. — W. C. Fields

Casamento é bom, mas acho que é levar o amor um pouco longe demais. — Texas Guinan

O segundo casamento é o triunfo da esperança sobre a experiência. — Samuel Johnson

O casamento é a soma de um homem e uma mulher, perfazendo um idiota. — Ben Jonson

A cerimônia do casamento é coisa séria. Precisa ser algo formal, como um enterro ou uma partida de pôquer. — Garson Kanin

Entrei para os Casados Anônimos. Quando me dá vontade de casar, eles me mandam uma mulher de roupão e rolinhos no cabelo, para me queimar a torrada. — Dick Martin

[*Quando uma mulher lhe disse que estava casada com o mesmo homem havia 31 anos:*]

Se a senhora está casada com ele há 31 anos, ele já não é o mesmo homem. — Groucho Marx

Os homens casados vivem mais do que os solteiros — ou, pelo menos, se queixam durante mais tempo. — H. L. Mencken

As mulheres casadas vivem mais do que os homens — ou, pelo menos, as viúvas. — H. L. Mencken

Os solteiros sabem mais sobre as mulheres do que os casados. Senão, também seriam casados. — H. L. Mencken

[*Desculpando-se com sua mãe, Judy Garland, por não poder comparecer a um de seus casamentos:*]

Desculpe, mamãe. Irei no próximo. — Liza Minnelli

O casamento se baseia na teoria de que, quando um homem descobre uma marca de cerveja que combina perfeitamente com o seu gosto, deve abandonar imediatamente seu emprego e ir trabalhar na dita cervejaria. — George Jean Nathan

Se os homens soubessem como as mulheres passam o tempo quando estão sozinhas, nunca se casariam. — O'Henry

[*Ao ser perguntada se era a favor do sexo antes do casamento*:]
Por que não? Desde que não atrase a cerimônia... — Linda Porter

Confie em seu marido, adore seu marido e passe o máximo que puder para o seu próprio nome. — Joan Rivers

O amor entre marido e mulher é uma grossa bandalheira. É abjeto que um homem deseje a mãe de seus próprios filhos. — Nelson Rodrigues

Só o cinismo redime um casamento. É preciso muito cinismo para que um casal chegue às bodas de ouro. — Nelson Rodrigues

Uma mulher leva vinte anos para fazer de seu filho um homem — outra mulher, vinte minutos para fazer dele um tolo. — Helen Rowland

O casamento é a única coisa que dá à mulher o prazer de uma companhia e a perfeita sensação de solidão ao mesmo tempo. — Helen Rowland

[*Explicando por que nunca se casou:*]

Não consigo me acasalar em cativeiro. — Gloria Steinem

Por que uma mulher dá duro durante dez anos para mudar os hábitos de seu marido e depois se queixa de que ele não é mais o homem com quem ela se casou? — Barbra Streisand

Se não fosse pela mulher, o casamento já teria desaparecido há muito tempo. Sem ser forçado, nenhum homem comprometeria seu presente ou envenenaria seu futuro com um bando de pirralhos fazendo alarido pela casa. É a mulher que o põe a nocaute, o amarra e o arrasta à presença de duas testemunhas, para obrigá-lo a isto. — Preston Sturges

O casamento é a única aventura ao alcance dos covardes. — Voltaire

O casamento é uma grande instituição. Não sei por que as famílias estão acabando com ele. — Mae West

É um escândalo a quantidade de mulheres que flertam com seus próprios maridos em público. É como lavar a roupa limpa fora de casa. — Oscar Wilde

Todos os casamentos são felizes. Tentar viver juntos depois é que causa os problemas. — Shelley Winters

Quando estiver a fim de se casar com um sujeito, convide a ex-mulher dele para almoçar. — Shelley Winters

O casamento é uma união entre um homem que não consegue dormir com a janela fechada e uma mulher que não consegue dormir com a janela aberta. — P. G. Wodehouse

Algumas pessoas querem saber o segredo do nosso longo casamento. É simples: jantamos fora duas noites por semana. Um belo jantar à luz de velas, com música suave, perfeita para dançar. Minha mulher vai às terças-feiras e eu às sextas. — Henny Youngman

Sabe o que significa voltar para casa à noite e encontrar uma mulher que lhe dá amor, afeto e ternura? Significa que você entrou na casa errada. — Henny Youngman

CASTIDADE

A mais anormal das perversões sexuais. — Aldous Huxley

Senhor, fazei-me casto — mas não agora. — Santo Agostinho

Todo ginecologista devia ser casto. O ginecologista devia andar de batina, sandálias e coroinha na cabeça. Como um são Francisco de Assis, com a luva de borracha e um passarinho em cada ombro. — Nelson Rodrigues

CATÁSTROFES

[*Vigia chamando os bombeiros para conter o incêndio na fábrica de picolé*:]
"Depressa! O fogo está lambendo tudo!" — Max Nunes

CATOLICISMO

Três entre quatro católicos são filhos de Iansã. O quarto acha que os deuses eram astronautas. — Ivan Lessa

Sincretismo religioso é quando um padre não passa debaixo de uma escada. — Ivan Lessa

Se você juntar miséria e catolicismo, só pode dar besteira. — Ivan Lessa

Tenho grande apreço por Nossa Senhora. Aliás, sempre achei Nossa Senhora a coisa mais engraçadinha deste mundo. — Vinicius de Moraes

[*Em 1968, temendo que isso um dia acontecesse*:]
Ainda seremos a maior nação ex-católica do mundo. — Nelson Rodrigues

Tudo que se tramou até hoje contra os reis deve ser aplaudido — exceto quando foi tramado por padres, caso em que se deve ficar do lado do rei. — Bertrand Russell

O Santo Império Romano não era santo, nem império e nem mesmo romano. — Voltaire

CENSURA

A censura não me atinge. Eu cheguei primeiro que ela. — Dercy Gonçalves

Se a censura quiser fazer cartaz em cima de mim, eu mando ela enfiar a tesoura naquele lugar. — Dercy Gonçalves

Sou a favor da censura. Afinal, fiquei rica por causa dela. — Mae West

CHATOS

Chato, *s.m.* Uma pessoa que fala quando você quer que ela ouça. — Ambrose Bierce

Um chato é um homem que nunca é rude — sem querer. — Oscar Wilde

CHORAR

Lágrimas não são argumentos. — Machado de Assis

[*Depois de contar que chorara sete vezes assistindo ao filme* Luzes da ribalta, *de Chaplin, 1952*:]

Descobri chorando — o que doeu de um jeito especial — que ninguém tem pena de quem chora no cinema. — Antonio Maria

CIÊNCIA

Deve-se tomar cuidado com os cientistas: eles começaram inventando a máquina de costura e terminaram pela bomba atômica. — Marcel Pagnol

A ciência nunca resolve um problema sem criar pelo menos dez outros. — George Bernard Shaw

CINEMA

Alguns astros do cinema usam óculos escuros até mesmo na igreja. Devem ter medo de que Deus os reconheça e peça seus autógrafos. — Fred Allen

Cinema-verdade? Prefiro o cinema-mentira. A mentira é sempre mais interessante do que a verdade. — Federico Fellini

[*Sobre qualquer filme do antigo Cinema Novo brasileiro*:]

O filme é uma merda, mas o diretor é genial. — Paulo Francis

Minha estética é a do franco-atirador no telhado. — Jean-Luc Godard

A duração de um filme deveria ser medida pela capacidade de tolerância da bexiga humana. — Alfred Hitchcock

Depois de passar tantos anos em Hollywood, convenci-me de que os verdadeiros heróis do cinema estão na platéia. — Wilson Mizner

Às vezes mando filmar algumas cenas fora de foco. É o único jeito de ganhar o Festival de Cannes. — Billy Wilder

CINISMO

Um cínico é um homem que sabe o preço de tudo e o valor de nada. — Oscar Wilde

[*Quando lhe perguntaram se achava mesmo que o ser humano era corrupto, amoral e cínico:*]
Claro que não! Vocês não viram *A noviça rebelde*? — Billy Wilder

CIÚME

Sofrer por ciúme é besteira. Se ele não se justifica, você estará sofrendo à toa. Se ele se justifica, você já dançou. — Sérgio Augusto

O brasileiro é sueco com a mulher dos outros e mineiro com a própria mulher. — Ronaldo Bôscoli

Meus verdadeiros amigos sempre me deram a suprema prova de sua devoção: uma antipatia espontânea pelos homens que eu amava. — Colette

De acordo com o local e a época, o ciúme da mulher é maior ou menor, porque é cultural. Mas o do homem é sempre igual, desde o tempo das cavernas — porque é um ciúme animal, como o dos galos, dos leões e de todos os machos. — Elsimar Coutinho

O homem é ciumento porque tem *amour-propre*; a mulher, porque não tem. — Germaine Greer

[*Explicando à sua quinta mulher por que ela não deveria ter ciúme das anteriores*:]
As outras foram apenas minhas esposas. Você, querida, será minha viúva. — Sacha Guitry

Nada é mais letal contra o ciúme do que uma gargalhada. — Françoise Sagan

As mulheres feias vivem com ciúme de seus maridos. As bonitas não têm tempo — estão muito ocupadas tendo ciúme dos maridos de suas amigas. — Oscar Wilde

CIVILIZAÇÃO

As armas do civilizador são o álcool, a sífilis, as calças e a Bíblia. — Havelock Ellis

COERÊNCIA

Ser coerente significa ser tão ignorante hoje quanto um ano atrás. — Bernard Berenson

A coerência é o último refúgio dos sem-imaginação. — Oscar Wilde

COMÉDIA

Um amador pensa que é engraçado vestir um homem como uma velhinha, sentá-lo a uma cadeira de rodas e dar um empurrão na cadeira, para que ele desça ladeira abaixo feito uma bala e se esborrache contra um muro de pedra. Um profissional sabe que isso tem de ser feito com uma velhinha de verdade. — Groucho Marx

COMER

Dizem que se come mal na Inglaterra. Que bobagem. Basta tomar café-da-manhã três vezes por dia. — W. Somerset Maugham

Quando Lavoisier afirmou que "na natureza nada se cria, nada se perde, tudo se transforma", estava longe de supor que acabara de inventar também o croquete. — Max Nunes

Uma feijoada só é completa quando acompanhada de uma ambulância de plantão. — Stanislaw Ponte Preta

COMISSÃO

Uma comissão consiste em uma reunião de pessoas importantes que, sozinhas, não podem fazer nada, mas que, juntas, decidem que nada pode ser feito. — Fred Allen

COMPUTADOR

É maravilhosa a capacidade do computador de inventar soluções para problemas que nunca pedimos para ter. — Anônimo

Errar é humano. Mas, para fazer uma monstruosa cagada, é preciso um computador. — Anônimo

Não deixe o computador notar que você está com pressa. — Theresa Emilia Arantes

Lei de Murphy: A probabilidade de um computador pifar é proporcional à importância do documento no qual se está trabalhando. — Arthur Bloch

Lei de Murphy: O pior vírus é aquele que se instala no único arquivo que você não vacinou. — Arthur Bloch

Eu cnsigo ddgtar 400 cactreres pro miunto1 sem nehuum ero! — Annie Braga

Conheci várias mulheres melhores que um PC. Nenhuma melhor que um Mac. — Guime Davidson

Computador é como carroça: tem sempre um burro na frente. — Felipe Drummond

Quem tem dedo vai a www.roma.com. — Robson Jorge

Sou do tempo em que se namorava no portão. Agora é no portal da internet. — Vitor Hugo Marques

Evite vírus. Ferva o micro antes de usá-lo. — Guta Magalhães e Silva

COMUNISMO

O comunismo é o ópio dos intelectuais. — Clare Boothe Luce

O comunismo, como qualquer outra religião revelada, é principalmente um conjunto de profecias. — H. L. Mencken

O comunismo é como a Lei Seca: uma boa idéia, mas não funciona. — Will Rogers

É uma ironia do destino que os últimos comunistas do mundo sejam padres. — Cacá Rosset

CONCILIAÇÃO

Um conciliador é alguém que alimenta um crocodilo, esperando ser devorado por último. — Winston Churchill

CONFIANÇA

Não se deve confiar nas mulheres. Uma delas pode estar sendo sincera com você. — Douglas Ainslie

Não se pode confiar em mulheres — nem em pistolas automáticas. — John Dillinger

Nunca confie num homem que tenha os olhos muito perto do nariz. — Lyndon Johnson

Nunca confie num marido longe ou num solteiro perto. — Helen Rowland

[*Ao ser perguntada por um amante se ele podia confiar nela*:]
Claro. Centenas já confiaram. — Mae West

Nunca confie num homem de bigodinho. —
P. G. Wodehouse

CONFISSÕES

Nada estraga tanto uma confissão como o arrependimento. —
Anatole France

CONQUISTA

Quando se tenta conquistar uma mulher, uma hora parece um minuto. Quando se está com o rabo sobre um braseiro quente, um minuto parece uma hora. Isso é a relatividade. —
Albert Einstein

Toda conquista começa pela poesia e acaba na ginecologia. —
E. M. Cioran

[*Quando lhe perguntaram se daria 1 milhão de dólares para transar com estrelas como Xuxa ou Vera Fischer:*]
Adoro todas elas, mas não pago mais que a tabela. —
Tim Maia

As mulheres começam por resistir aos avanços de um homem e terminam por bloquear sua retirada. — Oscar Wilde

O homem que beija o chão que sua namorada pisa provavelmente sabe que o pai dela é o proprietário do terreno. — Laurence J. Peter

[*Ainda em campanha pela mulher com quem ele se casaria*:]
Audrey, eu seria capaz de beijar o chão que você pisa — se você morasse numa rua melhor. — Billy Wilder

CONSCIÊNCIA

A consciência é aquela voz interior que nos adverte de que alguém pode estar olhando. — H. L. Mencken

Uma consciência que já foi comprada uma vez pode ser comprada de novo. — Norbert Wiener

Consciência e covardia são a mesma coisa. A consciência é apenas a razão social da firma. — Oscar Wilde

CONSELHOS

Rabo e conselho só se deve dar a quem pede. — Stanislaw Ponte Preta

CONSERVADORES

Um conservador é alguém que admira os radicais — cem anos depois que eles morreram. — Anônimo

Nunca ousei ser um radical na juventude. Tinha medo de me tornar um conservador depois de velho. — Robert Frost

Os radicais inventam as idéias. Quando já as esgotaram de tanto uso, os conservadores as adotam. — Mark Twain

Um conservador é um liberal que foi assaltado. — Tom Wolfe

CONTRADIÇÕES

A única coisa digna no homem é a contradição. Homem que não se contradiz não tem caráter. — Enrico Bianco

Eu me contradigo? Pois bem, eu me contradigo. — Nelson Rodrigues

CONVIVÊNCIA

As grandes convivências estão a um milímetro do tédio. — Nelson Rodrigues

COQUETÉIS

Coquetéis são reuniões programadas para se encontrar pessoas que não vale a pena convidar para jantar. — Anônimo

O pior do coquetel é o bafo de coxinha na boca daquelas mulheres lindas. — Amaury Jr.

CORAGEM

O homem mais corajoso foi aquele que primeiro engoliu uma ostra. — Jonathan Swift

CORPO

Dei instruções a meu advogado para que, quando morrer, meus órgãos úteis sejam usados em transplantes. E, o que não servir, seja despachado como alimento para o Terceiro Mundo. — Ben Bagley

Dizem que nosso corpo é o único lar que temos de verdade. Bem, o meu é uma bagunça. Mas eu tenho uma mulher que vem uma vez por semana. — Johnny Carson

CORRUPÇÃO

O último a sair rouba a luz. — Anônimo

Negociata é todo bom negócio para o qual não fomos convidados. — Barão de Itararé

Que corrupção é esta, que a gente morre sem conseguir atingi-la? — Don Rossé Cavaca

Ou todos nos locupletamos, ou restaure-se a moralidade. — Stanislaw Ponte Preta

COVARDIA

Covarde, *s.m.* Alguém que, numa situação perigosa, pensa com as pernas. — Ambrose Bierce

COZINHA

No primeiro jantar que minha mulher me preparou, engasguei com um osso no pudim de chocolate. — Woody Allen

O problema de minha mulher é que ela é uma puta na cozinha e uma cozinheira na cama. — Geoffrey Gorer

Minha mulher é um fracasso na cozinha. Quando bate alguns ovos para fazer uma torta, os ovos ganham. — Henny Youngman

CRIANÇAS

Quando a infância morre, seu corpo é chamado de adulto e entra para a vida prática, que é um dos nomes mais suaves que se dão ao inferno. — Brian Aldiss

Mesmo em criança, eu já me interessava pela mulher errada. Quando minha mãe me levou para ver *Branca de Neve*, meus amigos se apaixonaram pela menina. Eu me apaixonei pela rainha. — Woody Allen

Um garoto precoce é aquele que, aos quatro anos, foge para casar com a boneca de sua irmã. — Ambrose Bierce

Um menino-prodígio é uma criança cujos pais têm muita imaginação. — Jean Cocteau

Crianças do mundo, uni-vos. Nada tendes a perder senão a vossa infância. — Millôr Fernandes

A criança difícil ainda não nasceu. Basta pô-la para ferver durante algumas horas, e ela ficará tenrinha e suave. — W. C. Fields

Está para nascer o homem que nunca teve o secreto desejo de dar um chute na bunda de um guri. — W. C. Fields

A época exata para se influenciar o caráter de uma criança é cem anos antes de ela ter nascido. — William Ralph Inge

O principal defeito das crianças, além do fato de que não fumam o bastante, é o de que, quase sempre, estão acompanhadas de adultos. — Fran Lebowitz

Uma coisa que se deve dizer a favor das crianças é que elas não saem por aí exibindo fotos de seus avós. — Fran Lebowitz

Se uma criança parece incorrigível, deveria ser tranqüilamente decapitada na idade de doze anos, para se impedir que atinja a maturidade, se case e perpetue sua raça. — Don Marquis

Minha mãe adorava crianças. Teria dado tudo para que eu tivesse sido uma. — Groucho Marx

O mundo seria um lugar bem melhor para as crianças se os pais fossem obrigados a comer o espinafre. — Groucho Marx

Adoro crianças, principalmente quando choram — porque aí alguém as leva embora. — Nancy Mitford

Qualquer criança de um ano pode ser ensinada a não fazer certas coisas, tais como enfiar a mão no forno quente, abrir o gás, puxar abajures da mesa pelo fio ou acordar a mãe antes do meio-dia. — Joan Rivers

Não se pode esperar que um garoto seja depravado antes de entrar para um bom colégio. — Saki

CRIME

Não entendo como alguns escolhem o crime, quando há tantas maneiras legais de ser desonesto. — Laurence J. Peter

O crime é a extensão lógica de um tipo de comportamento perfeitamente respeitável no mundo dos negócios. — Robert Rice

Há muitos anos cheguei à conclusão de que quase todo crime se deve a um desejo reprimido de expressão estética. — Evelyn Waugh

CRISE

A crise está tão feia que estou latindo no quintal para economizar cachorro. — Marinho Chagas

O Brasil chegou ao fundo do poço. E agora, roubaram o fundo e o poço. — Fausto Silva

No Brasil o fundo do poço é apenas uma etapa. — Luis Fernando Verissimo

CRISTIANISMO

Cristão, *s.m.* Aquele que segue à risca os ensinamentos de Cristo, desde que estes não sejam incompatíveis com a sua vida de pecado. — Ambrose Bierce

Os camelos e os cristãos recebem suas cargas de joelhos. — Ambrose Bierce

O cristão vive jurando que nunca fará aquilo de novo. O homem civilizado apenas resolve que será mais cuidadoso da próxima vez. — H. L. Mencken

Digam o que quiserem sobre os Dez Mandamentos, devemos nos dar por felizes por eles não passarem de dez. — H. L. Mencken

Entrar numa igreja não o torna um cristão, assim como entrar numa garagem não o transforma num carro. — Laurence J. Peter

CRISTO

Um dia ainda vou interpretar Jesus Cristo. Fui feito para o papel. Sou parecido com Ele, sou judeu e sou um comediante. Além disso, sou ateu, o que me permite ver o personagem com objetividade. — Charles Chaplin

Se Cristo tivesse sido enforcado, a forca teria a mesma força simbólica da Cruz? — Millôr Fernandes

Já que Ele transformou a água em vinho e multiplicou os pães, por que não providenciou também umas tábuas de queijos? — Jaguar

Digam o que disserem, continuo não vendo motivo para os judeus terem feito o que fizeram com Jesus Cristo. Por que não lhe deram cinco anos e liberdade condicional após cumprir dois? Não estaríamos onde estamos hoje. — Ivan Lessa

Cristo é um anarquista que deu certo. Aliás, o único. — André Malraux

Nenhum reino conheceu tantas guerras quanto o reino de Cristo. — Montesquieu

Se Cristo vivesse hoje, há uma coisa que ele não seria: cristão. — Mark Twain

CRÍTICOS

Críticos são sujeitos que têm mau hálito no pensamento. — Vinicius de Moraes

CULPA

Mostre-me uma mulher que não se sinta culpada e eu lhe mostrarei um homem. — Erica Jong

D

DANÇA

A dança é uma expressão perpendicular de um desejo horizontal. — George Bernard Shaw

DEMOCRACIA

É uma forma de governo que prevê a livre discussão, mas que só é atingida se as pessoas pararem de falar. — Clement Atlee

A democracia é a pior forma de governo, exceto todas as outras que têm sido tentadas de tempos em tempos. — Winston Churchill

Comparada ao comunismo, que é muito chato, e ao fascismo, que é excitante demais, não há dúvida de que a democracia é a forma mais palatável de governo. — Fran Lebowitz

A democracia é a arte e ciência de administrar o circo a partir da jaula dos macacos. — H. L. Mencken

A democracia é apenas a substituição de alguns corruptos por muitos incompetentes. — George Bernard Shaw

DEMÔNIO

O demônio tem pelo menos a desculpa de que só ouvimos um lado da história. Afinal, Deus escreveu todos os livros. — Samuel Butler

Foi uma idiotice da civilização moderna ter deixado de acreditar no diabo, quando ele é a única explicação para ela. — Ronald Knox

Se o diabo entendesse de mulher, não tinha rabo nem chifre. — Stanislaw Ponte Preta

DESCONFIANÇA

A melhor maneira de uma mulher prender o marido em casa é ela própria dormir fora de casa. — Leon Eliachar

Dificilmente uma mulher engana o marido às seis da manhã. O homem só deve inquietar-se quando sua mulher começa a ir à missa das três da tarde. — Antonio Maria

Muitas mulheres suspeitam que seu marido é o melhor amante do mundo. Mas nunca conseguem flagrá-lo. — Henny Youngman

DESCULPAS

Adoraria ir jantar com vocês, mas hoje é a noite de folga das crianças e eu tenho de ficar em casa com a babá. — Ring Lardner

[*Desculpando-se por vomitar em plena mesa durante um jantar formal:*]
Não se preocupem — vomitei o vinho branco junto com o peixe. — Herman J. Mankiewicz

Não entro para clubes que me aceitam como sócio. — Groucho Marx

Infelizmente devo declinar do seu convite, devido a compromissos assumidos posteriormente. — Oscar Wilde

DESENCONTROS

A inconstância das mulheres que eu amo só é igualada pela infernal constância das mulheres que me amam. — George Bernard Shaw

Custamos a nos casar. Ela se recusava a casar comigo enquanto eu estivesse bêbado e eu me recusava a casar com ela quando estava sóbrio. — Henny Youngman

DESPREZO

Todo homem se torna a coisa que mais despreza. — Robert Benchley

[*Diálogo do filme* Casablanca, *1942*:]
PETER LORRE: Você me despreza, não é?
HUMPHREY BOGART: Se eu pensasse em você, provavelmente o desprezaria. — Julius e Philip Epstein e Howard Koch

[*Clark Gable, em ...*E o vento levou, *quando abandona Vivien Leigh e esta lhe pergunta o que será dela, numa surpreendente resposta para 1939*:]
Francamente, querida, estou cagando. — Margaret Mitchell

[*Ao encontrar na rua uma velha amiga que não via fazia anos*:]
Desculpe, não a estava reconhecendo — eu mudei muito. — Oscar Wilde

Há sempre algo de ridículo nas emoções da pessoa que se deixou de amar. — Oscar Wilde

DEUS

Se Deus existe, por que Ele não me dá um sinal de Sua existência? Como, por exemplo, abrir uma bela conta em meu nome num banco suíço. — Woody Allen

Por que Deus não fala comigo? Se Ele pelo menos tossisse! — Woody Allen

Deus não existe e, se existe, não é muito confiável. — Woody Allen

Não apenas não existe Deus, como tente encontrar um eletricista num fim de semana. — Woody Allen

Se você fala com Deus, é porque está orando. Mas, se Deus fala com você, você está louco. — Anônimo

Deus está morto. Mas não se preocupe — a Virgem Maria está esperando outro. — Anônimo

Deus não está morto. Está vivo e trabalhando num projeto menos ambicioso. — Anônimo

Todo homem pensa que Deus está do seu lado. Os ricos e os poderosos têm certeza. — Jean Anouilh

As mulheres se dão para Deus quando o diabo já não quer nada com elas. — Sophie Arnould

Deus é brasileiro, mas deposita tudo na Suíça. — Sérgio Augusto

Deus é a luz e, assim, a energia é a matéria multiplicada pelo quadrado da velocidade de Deus. — Paulo Mendes Campos

A única coisa que impede Deus de produzir um segundo Dilúvio é o fato de que o primeiro foi inútil. — Nicholas Chamfort

A prova final da onipotência de Deus é a de que Ele não precisa existir para nos salvar. — Peter de Vries

Não acredito que Deus jogue dados com o universo. — Albert Einstein

Bendito seja Deus, que 48 minutos depois nos dá ereção de novo. — Millôr Fernandes

É possível que Deus não esteja morto. Pode ter apenas enlouquecido. — R. D. Laing

Deus é amor, mas exija isso por escrito. — Gipsy Rose Lee

Deus é português. O diabo é que é brasileiro. — Carlito Maia

Não acredito em Deus. Mas que existe, existe. — Vinicius de Moraes

Somos muito injustos com Deus. Não Lhe permitimos nem pecar. — Friedrich Nietzsche

Não posso acreditar num Deus que quer ser louvado o tempo todo. — Friedrich Nietzsche

Eu só acreditaria num Deus que soubesse dançar. —
Friedrich Nietzsche

Deus é realmente um artista: inventou a girafa, o elefante e o gato. Não tem um estilo próprio. Apenas segue em frente, inventando coisas. — Pablo Picasso

O sujeito que nega a existência de Deus devia ser amarrado num pé de mesa e ser obrigado a beber água, de gatinhas, numa cuia de queijo Palmyra. — Nelson Rodrigues

Deus só freqüenta igrejas vazias. — Nelson Rodrigues

Só os neuróticos verão a Deus. — Nelson Rodrigues

O que Deus uniu o homem não pode separar. Deus cuidará disso pessoalmente. — George Bernard Shaw

Quem é melhor, Deus ou o Super-Homem? Depende. Se valer milagre, é Deus. — Jô Soares

Deus fez o homem e disse: "Posso fazer melhor". Então fez a mulher. — Adele Rogers St. Johns

Se Deus não existisse, teria sido preciso inventá-Lo. — Voltaire

Deus está do lado dos grandes batalhões. — Voltaire

DIAMANTES

Um homem beijar a sua mão pode ser uma delícia. Mas uma pulseira de safiras e diamantes dura para sempre. — Anita Loos

Os diamantes são os melhores amigos da mulher. — Anita Loos

[*Respondendo à chapeleira, que exclamou: "Meu Deus, que diamantes lindos!":*]
Deus não teve nada a ver com isso, querida. — Mae West

DICIONÁRIO

Aos dezoito anos, um jovem pode ser um Rimbaud. Mas não é capaz de fazer um dicionário. — Aurélio Buarque de Holanda Ferreira

A maior obra-prima da literatura não passa de um dicionário fora de ordem. — Jean Cocteau

O homem é o único animal do mundo que faz dicionários. — Percy A. Scholes

DIETA

O que você come de pé não conta. — Beth Barnes

[*A respeito do histórico vegetariano (e casto) George Bernard Shaw:*]

Um dia Shaw comerá um bife e, a partir daí, não haverá uma mulher a salvo em Londres. — Sra. Patrick Campbell

[*Respondendo à sua amiga, sra. Patrick Campbell:*]

Um homem com minha intensidade espiritual não está aqui para comer cadáveres. — George Bernard Shaw

Dentro de todo gordo há um magro debatendo-se desesperadamente para sair. — Cyril Connoly

Fora de todo gordo há um sujeito ainda mais gordo debatendo-se desesperadamente para entrar. — Kingsley Amis

[*Ao desistir de fazer dieta:*]

Colesterol, aqui me tens de regresso! — Jaguar

Comecei uma dieta, cortei a bebida e as comidas pesadas e, em catorze dias, perdi duas semanas. — Joe E. Lewis

[*Quando lhe perguntaram se seus 140 quilos não eram um estorvo ao transar:*]

O problema do gordo é só um: quando ele penetra, não beija; quando beija, não penetra. — Tim Maia

Certas dietas são simples: é só cortar açúcar, frituras, massas, molhos, bebidas alcoólicas, pães, biscoitos e os pulsos. — Miguel Paiva

Estou disposta a uma meia dúzia de enfartes, se isso me ajudar a perder alguns quilos. — Colette

Ao chegar aos quarenta, a única coisa com gordura que o homem pode comer é a sua própria mulher. — Agamenon Mendes Pedreira

Já ganhei e perdi os mesmos cinco quilos tantas vezes que minha celulite deve estar tendo *déjà vus*. — Jane Wagner

Estou na dieta de água, chá, café e suco de frutas. Bebo tudo, menos isso. — Fausto Wolff

Minha mulher está de dieta: come cocos e bananas o dia todo. Não tem emagrecido muito, mas você precisa vê-la trepando em árvores. — Henny Youngman

DIGESTÃO

Comer é humano, mas digerir é divino. — Mark Twain

DINHEIRO

Um milhão de dólares já não são o que costumavam ser. — Howard Hughes (1937)

Um bilhão de dólares já não são o que costumavam ser. — Anônimo (1989)

Há certas coisas que o dinheiro não consegue comprar. Por exemplo: as mesmas coisas que ele comprou na semana passada. — Anônimo

Nada que custe apenas um dólar vale a pena ter. — Elizabeth Arden

Dinheiro é como estrume. Tem de ser bem espalhado para não cheirar mal. — Francis Bacon

Ao contrário das outras meninas, minha diversão em criança era brincar de pobre. — Princesa Caroline de Mônaco

Um sujeito esperto o suficiente para ganhar muito dinheiro tem de ser cretino o suficiente para querer esse dinheiro. — G. K. Chesterton

Se você consegue contar o seu dinheiro, você não é rico. — J. Paul Getty

Tive a sorte de ter dinheiro no tempo em que isso era divertido. Hoje os milionários são verdadeiros *workaholics*. — Jorginho Guinle

Quando alguém lhe disser "Não é uma questão de dinheiro, mas de princípios", pode ter certeza: trata-se de uma questão de dinheiro. — Kim Hubbard

O dinheiro não é tudo na vida. Não se esqueça também do ouro, dos diamantes, da platina e das propriedades. — Antonio Carlos Jobim

Se você precisa perguntar quanto custa, é porque não pode comprar. — J. Pierpont Morgan

Se as mulheres não existissem, todo o dinheiro do mundo não teria o menor significado. — Aristoteles Onassis

O dinheiro pode não comprar a saúde, mas eu me contentaria com uma cadeira de rodas cravejada de diamantes. — Dorothy Parker

Dinheiro, comigo, só em voz alta. — Otto Lara Resende

Nunca invista seu dinheiro em algo que precise comer ou ser consertado. — Billy Rose

Nunca tive dinheiro até que arriei as calcinhas. — Sally Rand

O dinheiro não traz a felicidade daquele que não o possui. — Boris Vian

Já fui tão pobre que não sabia de onde viria o meu próximo homem. — Mae West

As únicas pessoas que pensam mais em dinheiro do que os ricos são, naturalmente, os pobres. — Oscar Wilde

Quando eu era jovem, pensava que o dinheiro era a coisa mais importante do mundo. Hoje, tenho certeza. — Oscar Wilde

Um ladrão roubou o cartão de crédito de minha mulher. E quer saber de uma coisa? Está gastando menos que ela! — Henny Youngman

DIPLOMACIA

Um diplomata é um sujeito que pensa duas vezes antes de não dizer nada. — Anônimo

A diplomacia é apenas a continuação da guerra por outros meios. — Chu En-Lai

Um diplomata é uma pessoa que consegue mandá-lo à merda de tal forma que você efetivamente começa a cogitar de ir. — Caskie Stinnett

Um embaixador é um homem honesto, enviado ao estrangeiro para mentir por seu país. — Henry Wotton

DIREITOS

O seu direito de usar um casaco de poliéster verde-chiclete termina quando começam os direitos do meu olho. — Fran Lebowitz

Todo homem luta com mais bravura por seus interesses do que por seus direitos. — Napoleão

DISCRIÇÃO

Algumas pessoas são tão discretas quanto uma tarântula numa fatia de pudim. — Raymond Chandler

DISNEY WORLD

A maior ratoeira humana já construída por um rato. — George S. Kaufman

Orlando (Flórida) e Aparecida do Norte (SP) têm uma coisa em comum: a gente só vai lá para pagar promessa. — Paula Planck

Cuba é a Disney World das esquerdas. — Sérgio Augusto

DÍVIDA

Devo, não pago. Nego enquanto puder. — Agamenon Mendes Pedreira

DIVÓRCIO

Depois do divórcio, fiz um trato com minha mulher. Se eu me casasse de novo e tivesse filhos, eles ficariam com ela. — Woody Allen

A diferença entre o divórcio e a separação legal é que a separação legal dá mais tempo ao marido para esconder o dinheiro. — Johnny Carson

Sou uma ótima dona de casa. Sempre que me divorcio, eu fico com a casa. — Zsa Zsa Gabor

Divorciar-se apenas porque você já não ama seu marido é quase tão idiota quanto ter se casado com ele apenas porque o amava. — Zsa Zsa Gabor

Não há época mais feliz na vida de um homem que depois de seu primeiro divórcio. — John Kenneth Galbraith

Só se conhece de verdade uma mulher quando se cruza com ela no tribunal. — Norman Mailer

Todo divórcio começa mais ou menos ao mesmo tempo que o casamento. O casamento talvez comece algumas semanas mais cedo. — Voltaire

DROGAS

Quem lhe disse que cocaína vicia, querida? Cheiro isso há anos e nunca me viciei! — Tallulah Bankhead

Um dia a maconha será inevitavelmente legalizada. Todos os estudantes de Direito a fumam. — Lenny Bruce

Quando tomava LSD, eu pegava o telefone e ligava para Deus — a cobrar. — Abbie Hoffman

Não use drogas! Elas acabam com o fígado, o coração e os rins, fodem a sua cabeça e, de modo geral, fazem com que você fique tão babaca quanto os seus pais! — Frank Zappa

E

ECONOMIA

Sempre que temos um problema econômico de difícil solução, substituímos a matemática pela matemágica. — Roberto Campos

[*Regra nº 1 da economia, universalmente aceita:*]
Não existe o almoço grátis. — Milton Friedman

Massa falida é quando uma empresa vira uma empada. — Paulo Garcez

O economista é um homem que, quando lhe pedimos um número de telefone, ele responde com uma estimativa. — Denis Healey

Quando os Estados Unidos ficam resfriados, o resto do mundo pega uma pneumonia. — Delfim Netto

Das várias maneiras para se atingir o desastre, o jogo é a mais rápida; as mulheres, a mais agradável; e consultar economistas, a mais segura. — Georges Pompidou

Se todos os economistas fossem postos lado a lado, não chegariam a uma conclusão. — George Bernard Shaw

EDUCAÇÃO

Minhas notas na escola variavam de abaixo da média a abaixo de zero. Fui reprovado no exame de Metafísica. O professor me acusou de estar olhando para a alma do rapaz sentado ao meu lado. — Woody Allen

Uma das causas principais do analfabetismo das massas é o fato de que, hoje, quase todo mundo sabe ler e escrever. — Peter de Vries

Um fato é concreto. Quem inventou o alfabeto foi um analfabeto. — Millôr Fernandes

Hoje, numa sala de aula, o verdadeiro quadro-negro é o salário do professor. — Max Nunes

EDUCAÇÃO SEXUAL

O tabu sexual não acabou com o sexo, mas a educação sexual vai conseguir. Não há hipótese de alguém ter tesão depois de uma aula de educação sexual. — Millôr Fernandes

Educação sexual só devia ser dada por um veterinário. — Nelson Rodrigues

EFICIÊNCIA

Se a raça humana sobreviveu, foi graças à ineficiência. — Bertrand Russell

EGOÍSMO

Egoísta, *s.m.* Um sujeito mais interessado em si próprio do que em mim. — Ambrose Bierce

ELEGÂNCIA

Elegância não passa de água e sabão. — Cecil Beaton

EMPREGO

[*Para o marido*:]
Querido, nunca se esqueça de uma coisa. Este negócio é meu. Você apenas trabalha aqui. — Elizabeth Arden

Recessão é quando o seu vizinho perde o emprego. Depressão é quando você perde o seu. — Harry S. Truman

Nada mais irritante do que não ser convidado para um emprego que você não aceitaria de jeito nenhum. — Bill Vaughan

ENERGIA NUCLEAR

Não entendo essa preocupação a respeito do plutônio. Como é que uma coisa com nome de cachorro pode ser perigosa? — Johnny Carson

ENRIQUECER

Minha receita para enriquecer? Acorde cedo, trabalhe muito, descubra petróleo. — J. Paul Getty

Não tem a menor graça ser o sujeito mais rico do cemitério. Lá não se pode fazer negócios. — J. Paul Getty

Não quero ser santa, quero ser rica. Já fui pobre, já tomei sopa de garfo. — Dercy Gonçalves

Não quero ser rica. Quero ser maravilhosa. — Marilyn Monroe

EPITÁFIOS

[*Frases que alguns declararam que gostariam de ver gravadas em seus túmulos, sob o tradicional "Aqui jaz":*]
E agora, vão rir de quê? — Chico Anysio

De volta às cinzas. — Rubem Braga

Plim-plim! — Walter Clark

Preferia estar vivo, nem que fosse em Filadélfia. — W. C. Fields

Aqui jazz. — Jorginho Guinle

Aqui, ó. — Ivan Lessa

Absolutamente contra a vontade. — Miéle

Flamengo até morrer. — Carlinhos Niemeyer

Desculpe a poeira. — Dorothy Parker

Assassinado por imbecis de ambos os sexos. — Nelson Rodrigues

Enfim, magro. — Jô Soares

EROTISMO

Todo o corpo é um órgão sexual. Com exceção, talvez, das clavículas. — Luis Fernando Verissimo

ERRAR

Faça qualquer besteira, desde que com entusiasmo. — Colette

Se pelo menos pudéssemos viver duas vezes: a primeira vez, para cometer todos os inevitáveis erros; a segunda, para lucrar com eles. — D. H. Lawrence

Algumas pessoas nunca cometem o mesmo erro duas vezes. Descobrem novos erros para cometer. — Mark Twain

ESTATAIS

A diferença entre a empresa privada e a empresa pública é que aquela é controlada pelo governo e esta, por ninguém. — Roberto Campos

O elefante é um camundongo construído segundo as especificações do Estado. — Robert Heinleim

Se o governo comprar um circo, o anão começa a crescer. — Delfim Netto

ETIQUETA

Se no Brasil a ética chegou a esse ponto, imagine a etiqueta, que é a pequena ética. — Danuza Leão

É fácil parecer educado com uma anfitriã. Basta atribuir ao seu vinho os anos que se subtraem de sua idade. — Jules Petit-Senn

Para vencer na vida, não basta ser muito burro. É preciso também ser bem-educado. — Voltaire

As coisas chegaram a tal ponto que, se um homem abrir a porta para você passar primeiro, é porque ele deve ser o porteiro. — Mae West

Cometer um crime é um erro. Não se deve fazer nada de que não se possa falar durante a sobremesa. — Oscar Wilde

É fácil ser gentil com as pessoas a quem não damos a mínima importância. — Oscar Wilde

EXCESSO

Tudo é ótimo quando em excesso. — Marquês de Sade

Um excesso de vez em quando é ótimo. Impede que a moderação se torne um hábito. — W. Somerset Maugham

A vida de Rimbaud foi *O Pato Donald* comparada com a minha. — Angela Ro Ro

Já estive em mais colos do que um guardanapo. — Mae West

EX-MULHER

Encontrei minha ex-mulher num restaurante e, com meu temperamento devasso, adejei sensualmente para ela, sussurrando: "Que tal se fôssemos lá para casa e fizéssemos amor mais uma vez?".

"Só por cima do meu cadáver", ela respondeu.

"Não vejo por que não", eu disse. "Sempre foi assim." — Woody Allen

Nunca nos damos conta de como um mês é curto até que começamos a pagar pensão à ex-mulher. — John Barrymore

Não há fúria comparável à de uma ex-mulher à caça de um novo amor. — Cyril Connolly

Meu peixe favorito? Uma piranha na banheira de minha ex-mulher. — W. C. Fields

Pagar pensão à ex-mulher é como servir capim fresco a um cavalo morto. — Groucho Marx

Pensão judicial é um sistema pelo qual duas pessoas cometem um erro e uma delas continua a pagar por ele. —
Mark Twain

Arranjei um marido para minha ex-mulher. Com isso, livrei-me de dois problemas ao mesmo tempo: a aporrinhação e a pensão. — Luiz Carlos Vinhas

EXPERIÊNCIA

Se você pudesse vender sua experiência pelo preço que ela lhe custou, ficaria rico. — J. P. Morgan

A experiência é um carro com os faróis virados para trás. —
Pedro Nava

A experiência é aquilo que lhe permite reconhecer um erro quando você o comete de novo. — Earl Wilson

EXPERT

Um expert é alguém que sabe cada vez mais sobre cada vez menos. — Nicholas Butler

Experts são pessoas que sempre repetem os mesmos erros. —
Walter Gropius

Um expert é um homem que já parou de pensar. Para que pensar, se ele é um expert? — Frank Lloyd Wright

F

FAMÍLIA

Hoje quase não há mais famílias. Só pessoas jurídicas. — Zozimo Barrozo Do Amaral

Uma "boa família" é aquela que costumava ser melhor. — Cleveland Amory

Quando já não suporto pensar nas vítimas dos lares desfeitos, começo a pensar nas vítimas dos lares intactos. — Peter de Vries

Sou a favor de famílias grandes. Toda mulher deveria ter pelo menos três maridos. — Zsa Zsa Gabor

Os parentes distantes são os melhores. E quanto mais distantes, melhores. — Kim Hubbard

Não existem tias boas e tias ruins — mais cedo ou mais tarde, revela-se o casco fendido. Minha querida tia Agatha, por exemplo, come cacos de vidro ao café-da-manhã e usa arame farpado ao redor do pescoço. — P. G. Wodehouse

Éramos onze em nossa família. O dinheiro era tão curto que, à medida que íamos crescendo, as roupas iam passando de uns para os outros. Eu não achava graça naquilo — tinha dez irmãs. — Henny Youngman

FANTASIAS

[*Uma das características que ele exigia da mulher amada*:]
Que, no verão, seja assaltada por uma remota vontade de miar. — Rubem Braga

Casei-me com um alemão. Toda noite me fantasio de Polônia e ele me invade. — Bette Midler

Só acredito naquilo que posso tocar. Não acredito, por exemplo, em Luiza Brunet. — Luis Fernando Verissimo

FATOS

Não há fatos, só interpretações. — Friedrich Nietzsche

[*Adaptando a frase de Nietzsche e ficando famoso por ela*:]
O que importa não é o fato, mas a versão. — José Maria Alkmin

[*Carleton Young para James Stewart no filme* O homem que matou o facínora, *1962*:]
Quando a lenda se torna a realidade, publicamos a lenda. — James Warner Bellah e Willis Goldbeck

FÉ

A fé pode ser definida em resumo como uma crença ilógica na ocorrência do improvável. — H. L. Mencken

A fé desentope as artérias; a descrença é que dá câncer. — Vinicius de Moraes

FEIÚRA

Quando vou ao salão de beleza, entro sempre pela porta de emergência. — Phyllis Diller

Para uma mulher se tornar mais bonita, basta andar sempre acompanhada de uma mulher feia. Já a mulher feia deve andar acompanhada de uma mulher ainda mais feia. — Leon Eliachar

Quando se ama uma mulher feia, pode-se amá-la cada vez mais, porque a feiúra só tende a aumentar. — Sacha Guitry

À falta da virtude, a feiúra já é meio caminho andado. — Heinrich Heine

Enquanto outros despertam amor à primeira vista com a própria cara, eu preciso de três horas para falar até a mulher esquecer a minha cara. — Antonio Maria

Existem umas feias potáveis. Mas há outras que só servem mesmo para fazer sabão. — Vinicius de Moraes

FELICIDADE

É difícil dizer o que traz a felicidade. A pobreza e a riqueza, por exemplo, já fracassaram. — Kim Hubbard

Posso simpatizar com a dor de uma pessoa, mas não com seus prazeres. Há algo rigorosamente monótono na felicidade dos outros. — Aldous Huxley

A felicidade consiste em um bom saldo bancário, uma boa cozinha e uma boa digestão. — Jean-Jacques Rousseau

Poucas pessoas conseguem ser felizes, a menos que odeiem outra pessoa, nação ou credo. — Bertrand Russell

Não temos o direito de consumir felicidade sem produzi-la, assim como não temos o direito de consumir riqueza sem produzi-la. — George Bernard Shaw

A única coisa que faz a felicidade de uma mulher é quando ela consegue aparentar dez anos a menos do que a própria filha. — Oscar Wilde

Qualquer homem pode ser feliz com qualquer mulher. Desde que não a ame. — Oscar Wilde

A felicidade do homem casado depende da felicidade das mulheres com quem ele *não* se casou. — Oscar Wilde

FEMINISTAS

A principal coisa que aconteceu quando as mulheres se levantaram por seus direitos foi que elas perderam seu lugar nos ônibus. — Anônimo

Tirando a Jane Fonda, você junta todas e não faz uma mulher. — Chico Anysio

A mulher é capaz de fazer tudo que o homem faz, exceto xixi, de pé, contra um muro. — Colette

O melhor movimento feminino ainda é o dos quadris. — Millôr Fernandes

Sempre fui feminista. Sustentei todos os homens que tive e fui traída por todos eles. Feminismo não é isso? — Dercy Gonçalves

Eu concordaria perfeitamente com a idéia de que as mulheres nos são superiores, se elas parassem com essa bobagem de querer ser iguais a nós. — Sacha Guitry

Estou uma fera com as feministas. Elas saem por aí pregando que as mulheres são superiores aos homens. Claro que são. Mas é perigoso espalhar isso. Pode estragar tudo. — Anita Loos

101

A mulher não tem de ir para a rua. O homem é que tem de voltar para casa. — Carlinhos Oliveira

[*Referindo-se aos seus quase dois metros de busto*:]
Fui a primeira mulher a queimar um sutiã. Os bombeiros levaram quatro dias para apagá-lo. — Dolly Parton

[*Referindo-se à mais furiosa ideóloga do feminismo*:]
Betty Friedan devia ser treinada para puxar carroça. — Nelson Rodrigues

FIDELIDADE

Você pode amar muito uma pessoa e ir para a cama com outra. — Leila Diniz

A esposa ideal é aquela que permanece fiel a você, mas tenta parecer tão charmosa quanto se não fosse. — Sacha Guitry

A mulher só é fiel à moda. — Justino Martins

FILHOS

Os crocodilos é que estão certos: eles comem os seus filhotes. — James M. Cain

A primeira metade de nossas vidas é arruinada por nossos pais. A segunda, por nossos filhos. — Clarence Darrow

Se os seus pais não tiveram filhos, há uma boa chance de que você também não tenha. — Clarence Day

Um pai bem-sucedido é aquele cujo filho ou filha é capaz de pagar sua própria terapia. — Nora Ephron

Dê ao seu bebê uma alimentação à base de cebola. Assim poderá achá-lo mais facilmente no escuro. — W. C. Fields

[*Ao ser repreendido pela vizinha por dar tiros no quintal, arriscando-se a matar o filho dela*:]
Ora, madame, se isto acontecer, faço-lhe outro! — Alfred Jarry

Você tem dezoito filhos? Puxa! Eu também gosto de fumar charuto, mas costumo tirá-lo da boca de vez em quando. — Groucho Marx

Filho único é uma coisa tão chata que não há no mundo quem tenha dois. — Max Nunes

A melhor maneira de segurar os filhos em casa é fazer do lar um lugar agradável — e esvaziar os pneus do carro. — Dorothy Parker

Quando o sujeito é uma besta e não é capaz de fazer nada, faz filhos. — Nelson Rodrigues

Os filhos se tornaram tão caros que, hoje em dia, só os pobres podem se dar ao luxo de tê-los. — George Bernard Shaw

Nunca tenha filhos. Só netos. — Gore Vidal

Uma comida não é necessariamente saudável apenas porque seu filho a detesta. — Katherine Whitehorn

Não existem filhos ilegítimos — apenas pais ilegítimos. — Leon R. Yankwich

As estatísticas mostram que, a cada quatro segundos, uma mulher dá à luz um bebê. Nosso problema é encontrar essa mulher e impedi-la. — Henny Youngman

[*Quando lhe perguntaram por que não tinha um filho com Pelé:*] Porque ele teria de se chamar Xulé. — Xuxa

FILOSOFIA

Acho que penso; logo, acho que existo. — Ambrose Bierce

Não há cretinice que já não tenha sido escrita por um filósofo. — Cícero

Penso, logo hesito. — Martha Aparecida da Cruz

A lógica, como o cearense, está em toda parte. — Mendes Fradique

Que me importa que a mula manque, eu quero é rosetar. Esta é a minha filosofia. — Paulo Francis

Quando um filósofo completa uma resposta, ninguém mais se lembra da pergunta. — André Gide

Na história humana, não há registro de um filósofo feliz. — H. L. Mencken

Ó, Física! Poupe-me da Metafísica! — Isaac Newton

FOFOCA

À medida que vivo e envelheço/ E tropeço no rumo do além/ Descubro que cada vez menos me interesso/ Por quem vai para a cama com quem. — Dorothy L. Sayers

As coisas que as pessoas mais querem saber nunca são da conta delas. — George Bernard Shaw

Não gosto de saber o que as pessoas dizem pelas minhas costas. Posso ficar vaidoso. — Oscar Wilde

FOME

Se Deus tiver de aparecer para os famintos, não se atreverá a aparecer em outra forma que não seja a de um prato de comida. — Mahatma Gandhi

Enquanto os padres gritam dos púlpitos "Pão para quem tem fome!", o povo berra das ruas: "Capricha na manteiga!". — Agamenon Mendes Pedreira

FOTOGRAFIA

Se você está parecido com a sua foto no passaporte, é porque realmente está precisando viajar. — Earl Wilson

FRACASSO

Sempre achei que iria levar anos para fracassar da noite para o dia. — Woody Allen

Se você tentou e não conseguiu, tente de novo. Se não conseguir na segunda vez, desista. É besteira continuar bancando o idiota. — W. C. Fields

Ninguém fica completamente infeliz diante do fracasso do seu melhor amigo. — Groucho Marx

[*Provavelmente a formulação original da frase:*]

Há certas pessoas a quem o fracasso sobe à cabeça. — Wilson Mizner

Quando um homem responsabiliza os outros por seus fracassos, é bom começar a responsabilizá-los também por seus sucessos. — Mark Twain

FRANCESES

Como se pode governar um país que produz 246 espécies diferentes de queijo? — Charles de Gaulle

Os franceses não passam de alemães que aprenderam a cozinhar. — Fran Lebowitz

FUMAR

Reduzidos a cidadãos de segunda classe pelos antitabagistas, os fumantes têm pelo menos um consolo: os filhos dos antitabagistas serão grandes fumantes. — Anônimo

Está provado que fumar é uma das principais causas das estatísticas. — Anônimo

Joguei catorze anos e fui campeão do mundo fumando vinte cigarros por dia. E agora, vão fazer o quê? — Gerson

Minha única restrição aos cigarros é a de que eles já não vêm acesos. — Fran Lebowitz

Nunca pus um charuto na boca antes dos nove anos. — H. L. Mencken

Pensar e fumar são duas operações idênticas que consistem em atirar pequenas nuvens ao vento. — Eça de Queiroz

Sempre fiz questão de nunca fumar dormindo. — Mark Twain

Cigarros são a forma perfeita de prazer: elegantes e insatisfatórios. — Oscar Wilde

Um amigo meu passou a tricotar a fim de fumar menos. Mas logo teve de voltar a fumar, para conseguir parar de tricotar. — P. G. Wodehouse

FUTEBOL

Meu primeiro contato com a bola foi no saco. — Aldir Blanc

Maldito é o goleiro. Onde ele pisa não nasce grama. — Don Rossé Cavaca

Para atingir o nível do nosso futebol, os europeus terão que se subdesenvolver muito. — Don Rossé Cavaca

O gol é o orgasmo do futebol. — Dario ("Dadá") Maravilha

Clássico é clássico e vice-versa. — Jardel

Acho o pênalti um lance covarde. Tenho a impressão de que sou um pelotão de fuzilamento. — Pelé

Futebol não é uma questão de vida ou morte. É muito mais que isso. — Bill Shankley

Não trocaria nenhum título que ganhei pelo Flamengo por uma Copa do Mundo. — Zico

FUTURO

O futuro é a única propriedade que os senhores concedem de boa vontade aos escravos. — Albert Camus

Nossa época é a primeira na História a se interessar tanto pelo futuro — o que é irônico, considerando-se que podemos não ter nenhum futuro. — Arthur C. Clarke

Num país onde o futuro a Deus pertence, os agnósticos perguntam: "E o passado? Quem vai se responsabilizar por ele?". — Ivan Lessa

Um dia ainda vamos sentir saudades dos bons tempos do automóvel e das auto-estradas. — Marshall McLuhan

O grande problema de nosso tempo é que o futuro não é mais o que costumava ser. — Paul Valéry

G

GALINHAGEM

Chamar uma mulher de galinha é uma ofensa. Coitada da galinha, que vive à disposição do galo, na hora que ele quiser, como uma odalisca num harém. — Carmen Miranda

Um marido pode galinhar à vontade, mas, se sua mulher o trai umas dezenove ou vinte vezes, é chamada de piranha. — Joan Rivers

GARFO

Garfo, *s.m.* Um instrumento usado principalmente para se levar animais mortos à boca. — Ambrose Bierce

GAÚCHOS

Nunca usei bombacha, não gosto de chimarrão nem de me lembrar da última vez que subi num cavalo. Aliás, o cavalo também não gosta. — Luis Fernando Verissimo

GÊNIOS

Talento é o que você possui; o gênio possui você. — Malcolm Cowley

A mediocridade não enxerga além de si mesma. Mas o talento reconhece instantaneamente o gênio. — Arthur Conan Doyle

A menos que você seja um gênio, dedique-se a ser inteligível. — Anthony Hope

Quando alguém se diz um gênio, só há três alternativas: trata-se de um idiota, de uma fraude, ou de um gênio mesmo. — Rupert Hughes

O sujeito que é um gênio e não sabe disso provavelmente não é um gênio. — Stanislaw J. Leo

GINÁSTICA

Quando me dá vontade de fazer ginástica, deito e espero passar. — Neuzinha Brizola

Sou judia. Não faço ginástica. Se Deus quisesse que fizéssemos flexões, espalharia diamantes pelo chão. — Joan Rivers

GOSTO

[*Velha frase de que muitos já tentaram se apossar, inclusive no Brasil:*]

Tudo de que eu gosto é ilegal, imoral ou engorda. — Alexander Woollcott

GOVERNO

O que os presidentes não fazem com suas esposas, acabam fazendo com o país. — Mel Brooks

É uma pena que todas as pessoas que sabem como governar o país estejam ocupadas dirigindo táxis ou cortando cabelo. — George Burns

O pior governo é o mais moral. Um governo composto de cínicos é freqüentemente mais tolerante e humano. Mas, quando os fanáticos tomam o poder, não há limite para a opressão. — H. L. Mencken

Todo homem decente se envergonha do governo sob o qual vive. — H. L. Mencken

É facílimo ser humorista, quando se tem o governo trabalhando para nós. — Will Rogers

No Brasil, todo governo devia ser de oposição. — Joel Silveira

GREVE

Desde que bem-sucedida, a greve é a forma mais excitante de tirar férias remuneradas. — Fernando Pessoa Ferreira

GUERRA

Guerra, *s.m.* Um subproduto da paz. — Ambrose Bierce

O cadáver é a obra-prima de qualquer guerra. — Ambrose Bierce

Um prisioneiro de guerra é um homem que tentou matá-lo, não conseguiu e agora implora para que você não o mate. — Winston Churchill

A guerra é um negócio muito sério para ser deixado por conta dos generais. — Georges Clemenceau

Sou a favor do canibalismo compulsório. Se as pessoas fossem obrigadas a comer o que matam, não haveria mais guerras. — Abbie Hoffman

A guerra, a princípio, é a esperança de que a gente vai se dar bem. Em seguida, é a expectativa de que o outro lado vai se ferrar. Depois, a satisfação de ver que o outro não se deu bem. E, finalmente, a surpresa de ver que todo mundo se ferrou. — Karl Kraus

[*Telegrama a Adolf Hitler quando os nazistas invadiram Salzburg, terra de Mozart:*]

EM NOME DE WOLFGANG AMADEUS MOZART VG PROTESTO PT — Murilo Mendes

As guerras são uma espécie de porre coletivo e, digam o que quiserem os pacifistas, o povo é a favor delas, pelo menos nos primeiros trinta dias. — Malcolm Muggeridge

A maneira mais rápida de acabar com uma guerra é perdê-la. — George Orwell

GUERRA DOS SEXOS

A guerra entre os sexos é a única em que ambos os lados dormem regularmente com o inimigo. — Quentin Crisp

[*Sobre seu casamento com Frank Sinatra:*]
Éramos fantásticos na cama. Mas as brigas começavam a caminho do bidê. — Ava Gardner

Nunca vá dormir puta da vida. Fique acordada e lute. — Phyllis Diller

O corpo-a-corpo é essencialmente uma idéia masculina. A arma feminina por excelência é a língua. — Hermione Gingold

Quando se pensa nas chances que as mulheres têm de envenenar seus maridos, é um espanto que isso não aconteça com mais freqüência. — Kim Hubbard

Se você fisgar um homem, o melhor que faz é devolvê-lo ao mar. — Gloria Steinem

H

HERÓIS

Poucos homens são heróis diante do dentista. — Agatha Christie

Nenhum homem é herói para seu valete. — Anne-Marie Bigot de Cornuel

No fim das contas, todo herói se torna um chato. — Ralph Waldo Emerson

Herói é quem vai contra a maré. Por isso há tão poucos. — Paulo Francis

Não existe herói sem platéia. — André Malraux

HISTÓRIA

A História é a soma das coisas que poderiam ser evitadas. — Konrad Adenauer

História, *s.f.* Um relato, quase todo falso, de eventos, quase todos sem importância, provocados por governantes, quase todos uns velhacos, e soldados, quase todos uns patetas. — Ambrose Bierce

Toda História é remorso. — Carlos Drummond de Andrade

Como Deus não pode alterar o passado, é obrigado a depender dos historiadores. — Samuel Butler

A História tem, de vez em quando, uns ataques epilépticos. — Cacá Diegues

A História do Brasil é um romance sem heróis. — Raymundo Faoro

A História do Brasil não é a mesma no Paraguai. — Millôr Fernandes

É preciso um bocado de História para se produzir alguma literatura. — Henry James

A História é um conjunto de mentiras sobre as quais se chegou a um acordo. — Napoleão

O povo de Creta produziu mais História do que foi capaz de consumir. — Saki

HOLLYWOOD

Em Hollywood, uma *starlet* significa qualquer mulher com menos de trinta anos que não esteja empregada num bordel. — Ben Hecht

Descasque o falso esmalte de Hollywood e o que você encontrará embaixo? O verdadeiro esmalte. — Oscar Levant

Hollywood é um bueiro com o serviço do Ritz-Carlton. — Wilson Mizner

Certa vez, em Hollywood, eles pensaram em fazer um filme inteligente. Mas controlaram-se a tempo. — Wilson Mizner

Em Hollywood, se você não tiver felicidade, pode pedi-la por telefone. — Rex Reed

[*Quando o produtor Samuel Goldwyn tentou levá-lo para Hollywood a fim de escrever roteiros de "alto nível":*]
O problema, senhor Goldwyn, é que o senhor está interessado em arte — e eu em dinheiro. — George Bernard Shaw

HOMENS

Se o mundo fosse lógico, os homens só andariam a cavalo de ladinho. — Rita Mae Brown

O único ruído realmente másculo que um homem produz numa casa é o de sua chave, quando ele está cambaleando e tentando encontrar o buraco da fechadura. — Colette

O homem é um animal doméstico que, se tratado com firmeza e ternura, pode ser treinado para fazer muitas coisas. — Jilly Cooper

[*Quando uma mulher lhe disse, em 1928 — dezessete anos antes do romance* A revolução dos bichos, *de George Orwell —, que todos os homens eram iguais:*]

Sim, mas alguns são mais iguais do que outros. — Noël Coward

Betty Friedan, a feminista, disse numa conferência que a mulher é mais moral do que o homem. Foi aplaudida de pé — por homens e mulheres. Recusei-me a aplaudir. Se o conferencista fosse um homem e dissesse que o homem é mais moral do que a mulher, teria sido apedrejado até a morte. — Michael Crichton

As mulheres estão nos atribuindo as piores qualidades: que somos insensíveis, brutais, violentos e egoístas. Que somos uma merda na cama, não sabemos encontrar seu clitóris e não as satisfazemos. Estamos ouvindo isso há vinte anos e muitos garotos nunca ouviram outra coisa. E ainda as aplaudimos! — Michael Crichton

Cuidado com a fúria de um homem paciente. — John Dryden

Os homens não fervem à mesma temperatura. — Millôr Fernandes

A única profundidade que os homens admiram numa mulher é a de seu decote. — Zsa Zsa Gabor

Todo homem tem o sagrado direito de ser imbecil por conta própria. — Ivan Lessa

Homens são criaturas com duas pernas e oito mãos. — Jayme Mansfield

Só exijo três coisas de um homem: que ele seja bonito, insensível e burro. — Dorothy Parker

Gosto de homens que se comportem como homens — enfim, que sejam fortes e infantis. — Françoise Sagan

Não são os homens em minha vida que importam, mas a vida em meus homens. — Mae West

HOMOSSEXUALISMO

Sou um heterossexual convicto, mas ser bissexual dobra automaticamente as suas chances de sair com alguém no sábado à noite. — Woody Allen

As mulheres estão descobrindo que mulher é bom — coisa que os homens já sabem há séculos. — Chico Anysio

[*Quando perguntado se já tinha ido para a cama com algum homem*:]

Não. Nenhum deles era homem. — Ben Bagley

[*Em resposta à mesma pergunta*:]

Já. Foi com [*o compositor*] Ivor Novello. Foi uma noite, digamos, muito musical. — Winston Churchill

Não me importo com o que as pessoas façam — desde que não façam na rua e não assustem os cavalos. —
Sra. Patrick Campbell

Quem nunca queimou o anel quando menino queimá-lo-á quando crescido. — Falcão

Bicha brasileira só pensa na mãe e em Nova York. —
Danuza Leão

[*Ao lhe perguntarem que título daria a seu livro* Os homens preferem as louras, *se o escrevesse hoje*:]

Os homens preferem os louros. — Anita Loos

Para que você precisa de mulher, meu filho, se você já nasceu? — Paschoal Carlos Magno

[*Ao ouvir duas lésbicas defendendo uma lei que permitisse o casamento entre elas*:]

Sim, elas estão certas. Afinal, é preciso pensar nos filhos. — Dorothy Parker

Fracassou a greve dos viados. Cus abriram normalmente. — Agamenon Mendes Pedreira

Mulher de amiga minha pra mim é homem. — Agamenon Mendes Pedreira

Pelo jeito que a coisa vai, em breve o terceiro sexo estará em segundo. — Stanislaw Ponte Preta

[*Explicando por que gosta de mulheres*:]
Fui à guerra e voltei mutilada. — Angela Ro Ro

[*Quando lhe falaram sobre a ameaça de extinção dos jacarés*:]
Em compensação, o veado é um bicho em franca expansão. — Waly Salomão

Gay [*alegre*] era uma das palavras mais agradáveis da língua inglesa. Sua apropriação por um grupo tão mal-humorado é um ato de pirataria. — Arthur Schlesinger, Jr.

É um fato incontestável: as lésbicas sabem o que é bom. — Joel Silveira

[*Indignação de um dos primeiros escritores americanos a admitir publicamente seu homossexualismo:*]

Nos Estados Unidos, ultimamente, qualquer homossexual consegue ficar famoso como escritor. Pois não basta ser viado para escrever. É preciso talento também. — Gore Vidal

[*Quando perguntado se a primeira pessoa com quem foi para a cama era um homem ou uma mulher:*]

Eu era muito educado para perguntar. — Gore Vidal

HONESTIDADE

Existem homens de bem; homens que se deram bem; e homens que são flagrados com os bens. — Laurence J. Peter

Não acredito em honestidade sem acidez, sem dieta e sem úlcera. — Nelson Rodrigues

HOTÉIS

"Serviço de quarto 24 horas." Isto geralmente se refere ao tempo que o sanduíche leva para chegar ao apartamento. — Fran Lebowitz

HUMANIDADE

Se pudesse receber de volta a taxa de inscrição, eu pediria demissão da humanidade. — Fred Allen

Somos uns porquinhos. O Senhor nos cria, engorda e mata. — Paulo Mendes Campos

A maior fé seria acreditar nos homens. — Carel Capek

Quando passo pelas ruas e vejo homens, mulheres, velhos e crianças caminhando, indo às compras, aos escritórios e aos lares, imagino toda a sacanagem subjacente de que são capazes e só assim consigo amar o meu próximo. Como a mim mesmo. — Carlos Heitor Cony

Nada é pequeno demais para uma criatura tão pequena quanto o homem. — Samuel Johnson

Por que ser desagradável quando, com um pequeno esforço, você pode ser intolerável? — Fran Lebowitz

Se o ser humano pudesse se elevar ao nível de uma samambaia, o mundo estaria bem melhor. — Angela Ro Ro

Adoro a humanidade. O que não suporto são as pessoas. — Charles Schultz

125

A virtude a que chamamos de boa vontade entre os homens é apenas a virtude dos porcos no chiqueiro, que dormem juntinhos para se aquecer. — Henry David Thoreau

Se o homem tivesse criado o homem, teria vergonha de sua obra. — Mark Twain

Deus, ao criar o homem, superestimou Sua capacidade. — Oscar Wilde

HUMILDADE

O que o mundo precisa é de mais gênios humildes. Infelizmente, hoje restam poucos de nós. — Oscar Levant

Se fosse um pouquinho mais humilde, eu seria perfeito. — Ted Turner

HUMOR

O humor serve para muitas coisas, inclusive para fazer rir. — Chico Anysio

Sabe por que Deus privou as mulheres do senso de humor? Para que elas pudessem amar os homens, em vez de rir deles. — Sra. Patrick Campbell

I

IDADE

Mulher de cinqüenta anos, quem gosta é o Pitanguy. — Chico Anysio

Dez anos atrás eu rachava uma pedra de gelo com o jato do mijo. Hoje não empurro nem bola de naftalina. — Ary Barroso

A idade não tem a menor importância, a menos que você seja um queijo. — Billie Burke

A velhice é a paródia da vida. — Simone de Beauvoir

Envelhecer é como morrer afogado: uma sensação deliciosa, depois que você pára de se debater. — Edna Ferber

Minha avó morreu aos 113 anos. De parto. — Dercy Gonçalves

Você sabe que está ficando velho quando as velas começam a custar mais caro do que o bolo. — Bob Hope

Algumas das garotas com quem transo hoje tinham três anos quando as conheci. Não tenho culpa se elas estão envelhecendo. — Mick Jagger

A TPM (tranqüilidade pós-menopausa) é a carta de alforria da mulher. É a felicidade sem derramamento de sangue. — Rita Lee

A meia-idade é aquela em que, não importa para onde esteja indo, você coloca um suéter na mala. — Don Marquis

O melhor de se chegar aos quarenta anos é que se pode apreciar melhor os rapazes de 25. — Colleen Mccullough

A melhor década para o homem é a dos quarenta. Depois dos cinqüenta anos, ele começa a deteriorar. Mas, por volta dos quarenta, você está no auge da sua vilania. — H. L. Mencken

Quanto mais envelheço, mais desconfio da velha máxima de que a idade traz a sabedoria. — H. L. Mencken

Não importa o quanto viva, nenhum homem se tornará tão sábio quanto uma mulher comum de 48 anos. — H. L. Mencken

A idade não nos protege contra o amor. Mas o amor, até certo ponto, nos protege contra a idade. — Jeanne Moreau

As pessoas deveriam se aposentar aos quarenta anos, quando se sentem exploradas, e voltar a trabalhar aos 65, quando se sentem inúteis. — Irmã Carol Anne O'Marie

Algumas mulheres não gostam de revelar sua idade. Temem que seja confundida com seu número de telefone. — Dorothy Parker

Meia-idade é quando você pára de criticar os mais velhos e começa a criticar os mais novos. — Laurence J. Peter

Envelhecer é ser punido cada vez mais por um crime que não se cometeu. — Anthony Powell

Terceira idade é aquela em que a gente bota os óculos para ouvir rádio. — José Simão

[*Ao completar 44 anos*:]
Isto não é uma idade. É um calibre. — Marcos de Vasconcellos

Nunca confie numa mulher que diz sua verdadeira idade. Uma mulher que diz isso é capaz de dizer qualquer coisa. — Oscar Wilde

Só há uma cura para os cabelos grisalhos, e foi inventada pelos franceses: a guilhotina. — P. G. Wodehouse

Um homem sabe que está ficando velho quando seus sonhos eróticos são reprises. — Henny Youngman

IDADE MÉDIA

Devemos à Idade Média duas das piores invenções da humanidade: a pólvora e a idéia do amor romântico. — André Maurois

IDÉIAS

Uma idéia original é como o pecado original. Ambos aconteceram muito antes de você nascer. — Fran Lebowitz

Uma idéia que esteja seis anos à frente de seu tempo não é uma boa idéia. — George Lois

Uma idéia não é responsável pelas pessoas que acreditam nela. — Don Marquis

Idéias são como barbas: o homem só tem uma quando ela cresce. — Voltaire

Usamos as idéias apenas para justificar nossa maldade, e as palavras para esconder nossas idéias. — Voltaire

IDEOLOGIA

Não se pode ser niilista meio expediente. — Albert Camus

Ideologia, eu quero uma pra viver. — Cazuza

IDIOTA

Um idiota sempre encontra um idiota ainda maior para admirá-lo. — Nicolas Boileau

Um idiota pobre é um idiota. Um idiota rico é um rico. — Paul Lafitte

IGNORÂNCIA

A ignorância é o nosso grande patrimônio nacional. — Paulo Francis

A enorme quantidade de livros circulando por aí está nos deixando completamente ignorantes. — Voltaire

IGREJA

Uma igreja é um lugar onde senhores que nunca estiveram no Céu dizem maravilhas a respeito dele para pessoas que nunca irão para lá. — H. L. Mencken

IGUALDADE

A igualdade pode ser um direito, mas não há poder sobre a Terra capaz de torná-la um fato. — Honoré de Balzac

Em tempos normais, nenhum indivíduo são pode concordar com a idéia de que os homens são iguais. — Aldous Huxley

Quando todos pensam igual é porque ninguém está pensando. — Walter Lippman

Nós, os liberais e progressistas, sabemos que os pobres são iguais a nós em tudo, exceto nessa história de serem iguais. — Lionel Trilling

ILEGAL

O ilegal pode ser feito já. O inconstitucional toma mais tempo. — Henry Kissinger

ILUSÃO

O sábado é uma ilusão. — Nelson Rodrigues

IMAGEM

As pessoas têm uma imagem de mim associada a usar jeans ensebados e tênis furados e a morar no Village. Isso não combina com o meu Rolls-Royce. — Woody Allen

IMORALIDADE

A única imoralidade consiste em não fazer o que se tem de fazer quando se tem vontade de fazê-lo. — Jean Anouilh

Eu sinto a nostalgia da imoralidade. — Machado de Assis

IMORTALIDADE

Não quero ficar imortal através de minha obra. Quero ficar imortal não morrendo. — Woody Allen

A Academia Brasileira de Letras se compõe de 39 membros e um morto rotativo. — Millôr Fernandes

[*Sobre a eleição de um membro da Academia*:]
Um defunto na vaga de outro. — Agrippino Grieco

[*Em 1955, aos cinqüenta anos, quando o convidaram a entrar para a Academia Brasileira de Letras*:]
Entrar para a Academia? Mas eu já sou quase uma vaga! — Erico Verissimo

IMPOSTOS

Charles Dickens foi o homem mais corajoso que já existiu. Teve dez filhos, no tempo em que eles ainda não eram dedutíveis do imposto de renda. — W. C. Fields

Só há duas coisas inevitáveis na vida: morte e impostos. — Benjamin Franklin

Já se foi o tempo em que a união fazia a força. Hoje a União cobra os impostos e quem faz a força é você. — Max Nunes

O contribuinte é o único cidadão que trabalha para o governo sem ter de prestar concurso. — Ronald Reagan

Os solteiros ricos deviam pagar o dobro de impostos. Não é justo que alguns homens sejam mais felizes do que os outros. — Oscar Wilde

IMPOTÊNCIA

[*Respondendo à revista* Comentário *sobre se costumava negar fogo*:]
Difícil é a primeira vez. Mas, com o tempo, a gente encara com naturalidade. — Boris Casoy

[*Respondendo à mesma pergunta*:]
Dia sim, dia não. — Jaguar

Hoje em dia, se você não confessar uma broxura permanente, as feministas dizem que você é machista. — Millôr Fernandes

Para se dar bem com as mulheres, diga que é impotente. Elas ficarão loucas para desmenti-lo. — Cary Grant

Os psicanalistas também broxam. — Eduardo Mascarenhas

Não tenho tragédia na minha vida. Por exemplo: eu nunca broxei. — Ziraldo

IMPUNIDADE

Depois da impunidade vem a bonança. — Jô Soares

INCESTO

O homem deve experimentar tudo na vida, exceto incesto e dupla sertaneja. — Sérgio Augusto

O problema do incesto é que ele nos obriga a nos misturarmos com parentes. — George S. Kaufman

O incesto é um esporte que toda a família pode praticar. — Henny Youngman

INCOMPETÊNCIA

[*Conceito original do "Princípio de Peter", de grande influência no mundo dos negócios nos anos 60:*]
Numa hierarquia, todo empregado tende a alcançar seu nível de incompetência. Com o tempo, os cargos tendem a ser ocupados por pessoas incompetentes para realizar suas tarefas. O trabalho real é feito pelos empregados que ainda não atingiram seu nível de incompetência. — Laurence J. Peter

INFÂNCIA

Ainda me lembro do primeiro presente que ganhei. Alguém pôs em meu berço um ursinho de verdade. — Woody Allen

Meus pais não tinham dinheiro para me comprar um cachorro. Então me levaram a uma loja de animais e me compraram uma pulga. Eu a chamava de Manchinha. — Woody Allen

INFERIORES

Nunca deixe que seus inferiores lhe façam um favor. Pode custar-lhe caro. — H. L. Mencken

Pode ser um pecado pensar mal dos outros. Mas raramente será um engano. — H. L. Mencken

[*Quando lhe disseram que sua arqui-rival, a escritora Clare Boothe Luce, era muito gentil com seus inferiores*:]
E onde ela os encontra? — Dorothy Parker

INFERNO

O inferno são os outros. — Jean-Paul Sartre

INGLESES

A coisa mais perigosa do mundo é fazer amizade com um inglês. Ele é capaz de vir dormir no seu armário para não gastar dez centavos num hotel. — Truman Capote

A Inglaterra é o paraíso das mulheres, o purgatório dos homens e o inferno dos cavalos. — John Florio

Se você eliminar o cachimbo e o jogo, descobrirá espantado que todos os prazeres de um inglês podem ser — e efetivamente são — partilhados por seu cachorro. — George Bernard Shaw

[*Conclamando seus compatriotas irlandeses*:]
Queimem tudo que for inglês — menos o carvão! — Jonathan Swift

Como pode sobreviver uma nação como a Inglaterra, que tem 42 religiões e apenas dois molhos? — Voltaire

Rodei um filme na Inglaterra. Fazia tanto frio que quase me casei. — Shelley Winters

INGRATIDÃO

[*Para uma bela mulher, que lhe deu o fora depois de uma tórrida paixão*:]
Ah-há! Cuspindo no prato que te comeu? — Rubem Braga

Há favores tão grandes que só podem ser pagos com a ingratidão. — Alexandre Dumas, *père*

INIMIGOS

Quando se tem de matar um homem, não custa nada ser educado. — Winston Churchill

Deve-se perdoar os inimigos. Mas não antes que eles sejam enforcados. — Heinrich Heine

Escolho meu inimigo pelo alcance de minha flecha. — Karl Kraus

Nada mais doce, nada mais terno, do que um ex-inimigo. — Nelson Rodrigues

Que Deus me proteja dos meus amigos. Dos inimigos, cuido eu. — Voltaire

Perdoar aos nossos inimigos as suas virtudes — este, sim, é um grande milagre. — Voltaire

Nunca deixe de perdoar seus inimigos — nada os aborrece tanto. — Oscar Wilde

INTELECTUAIS

O que é um intelectual? Apenas um homem que descobriu alguma coisa mais interessante do que mulheres. — Edgar Wallace

Um intelectual é um sujeito que não sabe estacionar uma bicicleta. — Spiro Agnew

Quando se corta a cabeça de um intelectual, ele morre. — Francis Picabia

Um pedante é um homem que digere mal intelectualmente. — Jules Renard

INTELIGÊNCIA

O saber é um gênero da ignorância humana que distingue o homem estudioso. — Ambrose Bierce

Algumas mulheres são muito inteligentes, até que seu cérebro lhes sobe à cabeça. — Margot Asquith

Meu cérebro é meu segundo órgão favorito. — Woody Allen

As mulheres levam uma vantagem injusta sobre os homens: se não conseguem o que querem sendo inteligentes, podem consegui-lo sendo burras. — Yul Brynner

O cérebro é um órgão maravilhoso. Começa a funcionar assim que você se levanta da cama e não pára até você chegar ao escritório. — Robert Frost

Os diamantes são os melhores amigos da mulher e os cachorros são os melhores amigos do homem. Agora você já sabe qual dos sexos é mais sensato. — Zsa Zsa Gabor

A mulher mais idiota pode dominar um sábio. Mas é preciso uma mulher extremamente sábia para dominar um idiota. — Rudyard Kipling

Toda garota com cérebro devia fazer alguma coisa com ele, além de pensar. — Anita Loos

As mulheres gostam dos homens medíocres, e os homens estão batalhando para ficar o mais medíocres possível. — Margaret Mead

INTUIÇÃO

A intuição feminina é o resultado de milhões de anos sem pensar. — Rupert Hughes

A intuição é aquele estranho instinto que permite a uma mulher saber que está certa, esteja ela ou não. — Helen Rowland

J

JAPONESES

Não existe o japonês individual. — Millôr Fernandes

JAZZ

Ninguém é obrigado a ter colhido algodão para tocar jazz. — Miles Davis

[*Referindo-se aos imitadores do pianista Thelonious Monk*:]
O hábito não faz o Monk. — Sérgio Augusto

JORNALISMO

Meu distinto leitor, minha encantadora leitora, queiram ter a fineza de retirar os olhos desta coluna. Não leiam mais. Saibam que o desejo mais sagrado que tenho no peito é mandar vocês todos, simplesmente, às favas. — Rubem Braga

Não foi o mundo que piorou. As coberturas jornalísticas é que melhoraram muito. — G. K. Chesterton

Imprensa é oposição. O resto é armazém de secos e molhados. — Millôr Fernandes

O mal da imprensa é que ela não ousa mais desagradar o leitor. — Paulo Francis

[*Criação original da expressão, referindo-se a uma senhora famosa nos anos 30 por sua intimidade com jornalistas*:]
Gruta da Imprensa. — Agrippino Grieco

As pessoas não param de confundir com notícias o que lêem nos jornais. — A. J. Liebling

O jornalismo, bem administrado, é tão bom negócio quanto a especulação imobiliária e o jogo da Bolsa. Querendo, a gente vende bem aquilo que publica e, melhor ainda, aquilo que não publica. — Antonio Maria

Um jornal é um instrumento incapaz de discernir entre uma queda de bicicleta e o colapso da civilização. — George Bernard Shaw

Um editor de jornal é alguém que separa o joio do trigo — e publica o joio. — Adlai Stevenson

Sou a favor da imprensa livre. O que não suporto são os jornais. — Tom Stoppard

[*Conselho a um repórter*:]

Primeiro, apure os fatos. Depois, pode distorcê-los à vontade. — Mark Twain

O jornalismo moderno tem uma coisa a seu favor. Ao nos oferecer a opinião dos deseducados, ele nos mantém em dia com a ignorância da comunidade. — Oscar Wilde

JUDEUS

Fui criado na velha tradição judaica: nunca me casar com uma gentia, nunca fazer a barba aos sábados e, principalmente, nunca fazer a barba de uma mulher gentia aos sábados. — Woody Allen

Pergunta: Por que todo judeu responde a uma pergunta com outra pergunta?

Resposta: Por que não? — Anônimo

Se minha Teoria da Relatividade estiver correta, a Alemanha dirá que sou alemão e a França me declarará um cidadão do mundo. Mas, se não estiver, a França dirá que sou alemão e os alemães dirão que sou judeu. — Albert Einstein

A Irlanda se orgulha de ser o único país do mundo que nunca perseguiu os judeus.

Claro — porque nunca os deixou entrar. — James Joyce

JUSTIÇA

Nossa justiça é absurda, além de abcega e abmuda. — Carlito Maia

JUVENTUDE

Se eu pudesse voltar à juventude, cometeria todos aqueles erros de novo. Só que mais cedo. — Tallulah Bankhead

Ainda não sou jovem o bastante para saber tudo. — Samuel Butler

Os jovens adoram desobedecer. Mas, atualmente, não há mais ninguém para lhes dar ordens. — Jean Cocteau

Os jovens sempre tiveram um problema: como se rebelar e se enquadrar ao mesmo tempo? Agora parece que o resolveram: desafiando os pais e copiando-se uns aos outros. — Quentin Crisp

Lembre-se de que, enquanto adolescente, você está no último estágio da sua vida em que ficará feliz ao saber que o telefonema é para você. — Fran Lebowitz

Supondo que você seja um adolescente abençoado pela beleza, não deixe de documentar essa condição tirando uma fotografia. É a única maneira de fazer com que, no futuro, acreditem em você. — Fran Lebowitz

Nunca tive muito jeito para ser jovem. — Ivan Lessa

Quando fiz quinze anos, ganhei um relógio de pulso e 5 mil-réis. Olhei os ponteiros, vi que era hora de fazer uma besteira e entrei no botequim. — Antonio Maria

Aos dezoito anos o homem não sabe nem dizer bom-dia a uma mulher. Todo homem deveria nascer com 35 anos. — Nelson Rodrigues

Jovens de todo o mundo: envelheçam! — Nelson Rodrigues

O jovem tem todos os defeitos do adulto e mais um: o da inexperiência. — Nelson Rodrigues

[*Aos 63 anos, em 1987*:]
Se me encontrasse hoje na rua com o jovem que eu fui, ambos sairíamos correndo um do outro. — Fernando Sabino

A juventude é uma coisa maravilhosa. Que pena desperdiçá-la em jovens. — George Bernard Shaw

Os jovens de hoje são absolutamente monstruosos. Não têm o menor respeito pelos nossos cabelos tingidos. — Oscar Wilde

L

LADRÃO

Roube ainda hoje! Amanhã pode ser ilegal. — Millôr Fernandes

Um homem que rouba por mim fatalmente roubará de mim. — Teddy Roosevelt

A comissão faz o ladrão. — Jô Soares

LAR

O lugar de uma mulher é no lar — ou então em algum cabaré bem gostosinho. — Lucille Ball

Chegamos a um ponto em que milhares de mulheres sabem mais sob o subconsciente do que sobre corte e costura. — H. L. Mencken

Detesto as tarefas domésticas. Você arruma as camas, lava os pratos, espana os móveis — e, seis meses depois, tem de fazer tudo de novo. — Joan Rivers

O lar, como o entendemos, é tão natural para nós quanto uma gaiola para uma cacatua. — George Bernard Shaw

O lar, hoje em dia, é um lugar onde parte da família espera até que a outra parte volte com o carro. — Earl Wilson

LEI

Dura lex sed lex: a lei é dura, mas é lei. Para os ricos, é *dura lex sed latex*: a lei é dura, mas estica. — Fernando Sabino

[*Variação brasileira de "Cumpra-se a lei"*:]
Compra-se a lei. — Luis Fernando Verissimo

LIBERADAS

Cueca de homem, agora, só na cadeira. No armário, nunca mais. — Sonia Azevedo

Se as mulheres querem se comportar como os homens, por que não se comportam como os homens educados? — Edith Evans

Meu homem não lava pratinho. Eu lavo o pratinho dele, com o maior prazer. — Danuza Leão

Querer se tornar iguais aos homens demonstra apenas a total falta de ambição das mulheres. — Timothy Leary

O que está acontecendo ultimamente? As mulheres agem como homens e querem ser tratadas como mulheres. — Alan Jay Lerner

Toda vez que liberamos uma mulher, liberamos também um homem. — Margaret Mead

Não me incomodo de viver no mundo dos homens — desde que eu possa ser mulher nele. — Marilyn Monroe

Algumas de nós estamos nos tornando os homens com quem queríamos nos casar. — Gloria Steinem

Muitas mulheres consideram os homens perfeitamente dispensáveis, a não ser naquelas profissões reconhecidamente masculinas, como as de costureiro, cozinheiro, cabeleireiro, decorador de interiores e estivador. — Luis Fernando Verissimo

Por mim, elas podem trabalhar onde quiserem — desde que eu encontre o jantar pronto quando chegar em casa. — John Wayne

LIBERDADE

Heresia é apenas outro nome para liberdade de pensamento. — Graham Greene

A liberdade é uma coisa tão preciosa que devia ser racionada. — V. I. Lenin

A liberdade é mais importante do que o pão. — Nelson Rodrigues

LIMPEZA

Para que limpar a casa? Depois dos primeiros quatro anos, a sujeira não piora nem um pouco. — Quentin Crisp

LÍNGUAS

O alemão é uma língua que foi desenvolvida com o único objetivo de permitir a quem fala cuspir em estranhos, sob o pretexto de estar conversando educadamente. — Anônimo

Falo em espanhol com Deus, em italiano com as mulheres, em francês com os homens e em alemão com meus cavalos. — Carlos V

Inglês é aquela coisa de índio. Uma coisa muito simples. — Antonio Carlos Jobim

[*Frase depois repetidamente adaptada para Brasil e Portugal:*]
Inglaterra e Estados Unidos são dois países separados pela mesma língua. — George Bernard Shaw

Os professores de grego são pessoas privilegiadas: poucos deles sabem grego, e, os que sabem, não sabem mais nada. — George Bernard Shaw

[*Sobre a diferença entre as falas de Portugal e do Brasil*:]

Nós, portugueses, demos aos brasileiros a terra, demos o povo e demos a língua — e *nós* é que temos sotaque! — Raul Solnado

[*Reformulando involuntariamente o velho ditado*:]

Para meio entendedor, uma palavra basta. — Eduardo Matarazzo Suplicy

LITERATURA

Só há uma coisa mais rara do que uma primeira edição de certos autores: uma segunda edição. — Franklin P. Adams

Alguns escritores costumam levar um não de inúmeros editores antes de decidir que vão escrever para a posteridade. — George Ade

Fiz um curso de leitura dinâmica e li *Guerra e paz* em vinte minutos. Tem a ver com a Rússia. — Woody Allen

Levei quinze anos para descobrir que não sabia escrever, mas aí já não podia parar — tinha ficado famoso demais. — Robert Benchley

Só se devem ler livros escritos há mais de cem anos. — Jorge Luis Borges

O homem não pode trair o escritor, mas o escritor deve sempre trair o homem. Quando assume a condição de escritor, ele deve ficar acima do homem. — Carlos Heitor Cony

Escrever foi a tábua na qual me agarrei para não ser considerado um idiota. — Carlos Heitor Cony

Um escritor é alguém congenitamente incapaz de dizer a verdade. Por isso, o que ele escreve chama-se ficção. — William Faulkner

Alguns livros são do tipo que, quando você os larga, não consegue pegar mais. — Millôr Fernandes

Que homem teria sido Balzac se ele soubesse escrever! — Gustave Flaubert

Ultimamente, as palavras andam tomando uma surra dos escritores. — John Fowles

Se um jovem escritor conseguir abster-se de escrever, não deveria hesitar em fazer isso. — André Gide

Ninguém, a não ser um idiota, escreve a não ser por dinheiro. — Samuel Johnson

Se quiser ficar rico escrevendo, escreva o tipo de coisa que é lida por pessoas que movem os lábios ao ler. — Don Marquis

O homem só tem duas missões importantes: amar e escrever à máquina. Escrever com dois dedos e amar com a vida inteira. — Antonio Maria

Tudo que é fácil de ler é difícil de escrever — e vice-versa. — Telmo Martino

[*Para um jovem escritor que lhe enviara um livro de humor:*]
Do momento em que o peguei, até a hora em que o larguei, seu livro me fez rolar de rir. Um dia pretendo lê-lo. — Groucho Marx

Não há assuntos chatos, apenas escritores chatos. — H. L. Mencken

Se você não conseguir fazer com que as palavras trepem, não as masturbe. — Henry Miller

Não há criação artística ou literária que valha uma criação de galinhas. — Raduan Nassar

Quando se diz que um escritor está na moda, isso quer dizer que ele é admirado por menores de trinta anos. — George Orwell

Este não é um romance para ser posto casualmente de lado. É para ser atirado longe com toda a força. — Dorothy Parker

Basta ler meia página de certos escritores para perceber que eles estão despontando para o anonimato. —
Stanislaw Ponte Preta

Escrever é a única profissão em que ninguém é considerado ridículo se não ganhar dinheiro. — Jules Renard

O único crime que merece o fuzilamento é o erro de revisão. — Otto Lara Resende

Não sei como meus leitores conseguem entender o que escrevo. Depois de algum tempo, nem eu mesma sei o que queria dizer! — Gertrude Stein

Quando Jean-Paul Sartre morreu, era Simone de Beauvoir quem eles deviam ter enterrado. — Tomi Ungerer

LOBBY

Quando a esmola é muita, o *lobby* desconfia. — Jô Soares

LONDRES

Um lugar ideal para se pegar bronquite. — Fran Lebowitz

Quando são três horas da tarde em Nova York, é pontualmente 1938 em Londres. — Betty Midler

LOS ANGELES

Uma cidade grande e cruel, com tanta personalidade quanto um copo de papel. — Raymond Chandler

É o cu do mundo, só que de plástico. — William Faulkner

Los Angeles são 72 subúrbios em busca de uma cidade. — Dorothy Parker

LUA-DE-MEL

O período crítico da lua-de-mel é durante o café-da-manhã. — A. P. Herbert

Sabe-se que a lua-de-mel acabou quando uma rapidinha antes do jantar passou a significar uma birita. — Fran Lebowitz

Ou quando ele telefona para dizer que vai se atrasar para o jantar e ela já deixou um bilhete dizendo que o jantar está na geladeira. — Laurence J. Peter

LUXO

Se me derem o luxo, posso passar sem o indispensável. — Oliver Wendell Holmes

O povo gosta de luxo. Quem gosta de miséria é intelectual. — [Atribuída a] Joãosinho Trinta

No tempo em que ainda não existiam geladeiras, eu gastava 2 mil dólares por mês com o geleiro. Era um luxo burro. Por muito menos eu podia ter contratado um esquimó e fabricado o meu próprio gelo. — Groucho Marx

O supérfluo é uma coisa extremamente necessária. — Voltaire

M

MACHO

Não sou de usar as mulheres e depois jogar fora. Tranco todas no armário. — Angeli

Nós, os machões, não passamos de uns sentimentais. — Raymond Chandler

Há momentos em que a mais dedicada feminista precisa do ombro de um machista no qual se apoiar. — Clive Cussler

Todos os cafajestes que conheci na minha vida eram uns anjos de pessoas. — Leila Diniz

Machão não come mel — come abelha. — Millôr Fernandes

Macho não quer dizer *mucho*. — Zsa Zsa Gabor

É preciso acabar com esse liberalismo feminista e estabelecer o machismo revolucionário. — Glauber Rocha

Gaúcho que é gaúcho não deixa sua mulher mostrar a bunda para ninguém. Nem em baile de Carnaval. Gaúcho que é gaúcho não mostra a bunda para ninguém. Só no vestiário, para outros homens, e, assim mesmo, se olhar por mais de trinta segundos sai briga. — Luis Fernando Verissimo

MÃES

Minha mãe me amamentou, sem dúvida. Só que seus seios eram postiços. — Woody Allen

Essa história de complexo de Édipo é conversa fiada. Claro que um filho pode levar sua própria mãe ao cinema numa noite de sábado e dar-lhe uns amassos durante o filme ou no banco de trás do carro. Mas, ir para a cama com ela? Isso é loucura! — Mel Brooks

[*Referindo-se ao seu trauma ao deixar de ser amamentado pela mãe:*]

Isso aconteceu a todas as crianças. Exceto a Vinicius de Moraes, que foi sempre amamentado e amado pelas jovens mães dos outros. — Antonio Maria

Minha mãe era a minha cara. — Waldick Soriano

Já não se fazem grandes mães como antigamente — as mulheres estão evoluindo. — Marly Terraza

Depois de algum tempo, todas as mulheres ficam iguais à mãe — e esta é a tragédia delas. Os homens, não — e esta é a tragédia deles. — Oscar Wilde

A mãe é o pior inimigo do homem. — Ziraldo

MÁGOA

Não adianta tentar afogar as mágoas. Elas aprenderam a nadar. — Patricio Bisso

MALDADE

Só se é verdadeiramente mau quando se tem consciência disso. — Tomi Ungerer

MARIDOS

[*Diálogo às cinco da tarde*:]

LADY ASTOR: Se você fosse meu marido, Winston, eu envenenaria o seu chá.

WINSTON CHURCHILL: E se eu fosse seu marido, Nancy, eu tomaria esse chá.

Maridos são como fogo: extinguem-se, se não forem atiçados. — Zsa Zsa Gabor

[*Ao ser perguntada sobre quantos maridos já tivera*:]

Você quer dizer, além dos meus? — Zsa Zsa Gabor

Tive três maridos e uma tuberculose. Me curei dos quatro. — Dercy Gonçalves

O marido que quiser continuar feliz no casamento deve conservar a boca fechada e o talão de cheques aberto. — Groucho Marx

Um marido é um homem que, dez minutos depois de encostar a cabeça no travesseiro, está roncando como um ônibus superlotado. — Ogden Nash

Depois de quatro drinques, meu marido se torna um chato. E, depois do quinto, eu desmaio. — Joan Rivers

Um marido é o que resta do amante, depois que se extraiu o nervo. — Helen Rowland

Um marido é apenas um amante com uma barba de dois dias, um colarinho sujo e queixando-se o tempo todo de enxaqueca. — Gloria Steinem

Há tão pouca diferença entre maridos que sai mais em conta ficar mesmo com o primeiro. — Adela Rogers St. Johns

Os homens ficam terrivelmente chatos quando são bons maridos, e abominavelmente convencidos quando não são. — Oscar Wilde

Se eu tivesse todas as qualidades que minha mulher exigia em um homem, nunca teria me casado com ela. — Henny Youngman

MARTÍRIO

Cristo morreu por nossos pecados. Ousaremos tornar em vão Seu martírio, deixando de cometê-los? — Jules Feiffer

Mártir é o nome dado a uma pilha de lenha em chamas quando tem um homem em cima. — Jaguar

Uma coisa não é necessariamente verdadeira apenas porque um homem morreu por ela. — Oscar Wilde

MARXISMO

Karl Marx não era marxista o tempo todo. Também costumava tomar seus porres no *pub* da esquina. — Michael Foot

A verdade é que somos filhos da Coca-Cola, muito mais do que de Marx. — Jean-Luc Godard

O marxismo tem muita coisa certa e é uma bobagem dizer que ele acabou. — Jorginho Guinle

Só quero que Marx devolva a minha alma imortal. — Otto Lara Resende

Nossos marxistas são marxistas de galinheiro. Aliás, Marx também era marxista de galinheiro. — Nelson Rodrigues

Alziro Zarur é mais importante do que Lênin. —
Glauber Rocha

MASTURBAÇÃO

Não despreze a masturbação. É fazer sexo com a pessoa que você mais ama. — Woody Allen

Uma vantagem da masturbação é que você não tem de se vestir para ela. — Truman Capote

O que eu gosto na masturbação é que você não tem de dizer nada depois. — Milos Forman

Masturbação! É impressionante como ela está sempre à nossa mão! — James Joyce

Uma mulher é, às vezes, uma alternativa satisfatória à masturbação. Claro que ela exige muito mais imaginação de nossa parte. — Karl Kraus

[*Quando lhe perguntaram por que dera o nome de "Onan" a seu canário*:]
Por que ele também despeja suas sementes no chão. — Dorothy Parker

A masturbação solitária pode ser uma experiência gratificante, desde que os parceiros estejam de acordo. — Agamenon Mendes Pedreira

MATEMÁTICA

O tempo que levei aprendendo a extrair uma raiz quadrada, este sim, foi um tempo precioso que poderia ter aplicado em não fazer nada. — Don Rossé Cavaca

MATURIDADE

A juventude é uma conquista da maturidade. — Jean Cocteau

"Conhece-te a ti mesmo?" Se eu me conhecesse, fugiria espavorido. — Goethe

Quando crescer, quero ser criança. — Joseph Heller

O homem imaturo é aquele que quer morrer gloriosamente por uma causa. O homem maduro se contenta em viver humildemente por ela. — J. D. Salinger

Os homens não ficam mais sábios com a idade. Apenas perdem mais cabelo. — Preston Sturges

A inexperiência é o que permite a um jovem fazer aquilo que um homem mais velho sabe que é impossível. — James Thurber

MCDONALD'S

[*A respeito do sucesso do McDonald's no Japão*:]
Que terrível vingança por Pearl Harbor! — S. I. Hayakawa

MEDICINA

Bisturi na fimose dos outros é anestésico. — Aldir Blanc

Se eu consultasse médicos, já estaria morto há muito tempo. — Millôr Fernandes

A medicina pode ser melhorada com medidas simples: o nome do médico ser sempre publicado junto aos anúncios fúnebres do paciente falecido; o cliente só pagar depois de curado; e a morte do paciente obrigar o médico, logo depois, à devolução de tudo que cobrou. — Millôr Fernandes

Se soubéssemos da arte de curar o que sabemos da arte de matar, estaríamos muito melhor de saúde. — Paulo Francis

Antes de submeter-se a uma cirurgia, deixe os seus negócios em dia. Pode ser que você sobreviva. — Rémy de Gourmont

Uma das causas mais comuns de todas as doenças é o diagnóstico. — Karl Kraus

No dia do Juízo Final, os médicos terão de responder por mais vidas do que os generais. — Napoleão

A morfina foi inventada para que os médicos durmam tranqüilos. — Jean Rostand

A arte da medicina consiste em distrair o paciente enquanto a Natureza cuida da doença. — Voltaire

MEDO

Conte-me suas fobias e eu lhe direi do que você tem medo. — Robert Benchley

A consciência humana é o medo do rapa. Cada um de nós vive esperando que o rapa o lace, o recolha na primeira esquina. — Nelson Rodrigues

MEMÓRIA

Nada traz de volta tão bem os bons velhos tempos quanto uma memória fraca. — Franklin P. Adams

Tenho uma memória de elefante. Aliás, às vezes os elefantes me consultam. — Noël Coward

[*Ao ser perguntado por um bêbado se não se lembrava dele:*]

Nunca me esqueço de um rosto, meu amigo. Mas, no seu caso, vou fazer uma exceção. — Groucho Marx

A memória é uma velha louca que guarda trapos coloridos e joga comida fora. — Austin O'Malley

MÉNAGE À TROIS

Se Deus quisesse que fizéssemos sexo grupal, teria nos equipado com mais órgãos para isso. — Malcolm Bradbury

Nenhuma transa é da conta de ninguém, exceto das três pessoas envolvidas. — Maureen Lipman

O mais perto que cheguei de um *ménage à trois* foi certa vez quando transei com um esquizofrênico. — Joan Rivers

Eu trago a concórdia entre os casais. No fundo, eu sou a filhinha que eles querem na suruba. — Angela Ro Ro

MENTIRA

As pessoas nunca mentem tanto quanto depois de uma caçada, durante uma guerra ou antes de uma eleição. — Otto von Bismarck

Não me importo com a mentira. O que detesto é a imprecisão. — Samuel Butler

A mentira é a verdade atrás da máscara. — Lord Byron

Uma mentira pode correr meio mundo antes mesmo que a verdade consiga calçar as botas. — James Callaghan

Não fumo, não bebo e não cheiro. Só minto um pouco. — Tim Maia

Não ser descoberto em uma mentira é o mesmo que dizer a verdade. — Aristoteles Onassis

Algumas pessoas nunca dizem uma mentira — se souberem que a verdade pode machucar mais. — Mark Twain

MIAMI

Miami é para onde vai o néon quando morre. — Lenny Bruce

MILITARES

A justiça militar está para a justiça assim como a música militar está para a música. — Georges Clemenceau

Inteligência militar: uma contradição em termos. — Groucho Marx

MINEIROS

[*Radicalizando a famosa frase atribuída a Otto Lara Resende, "O mineiro só é solidário no câncer"*:]

O mineiro só é solidário na solitária. — Agamenon Mendes Pedreira

A grande contribuição de Minas Gerais para a cultura universal é a tocaia. A tocaia é uma homenagem à vítima. Ela morre sem aviso prévio, delicadamente e, se possível, desconhecendo o autor da cilada. — Otto Lara Resende

Mineiro escorrega para cima. — João Guimarães Rosa

MISSIONÁRIOS

Deus, em Sua infinita misericórdia, manda de vez em quando um missionário gordinho para alimentar canibais pobres e subnutridos. — Oscar Wilde

MODA

Toda moda é criada para ficar fora de moda. — Coco Chanel

Eu me visto para as mulheres e me dispo para os homens. — Angie Dickinson

Só homens que não se interessam por mulheres interessam-se por suas roupas. Os homens que realmente gostam de mulheres nem percebem o que elas estão usando. — Anatole France

Seja realista. Se as pessoas não estão interessadas no que você tem a dizer, por que estariam interessadas no que a sua camiseta está dizendo? — Fran Lebowitz

O salto alto foi inventado por uma mulher que só tinha sido beijada na testa. — Christopher Morley

Conselho às mulheres: nunca usem roupas capazes de assustar um gato. — P. J. O'Rourke

A moda, afinal, não passa de uma epidemia induzida. — George Bernard Shaw

Deus deu as curvas às mulheres. Mas os costureiros efeminados acabaram com elas, desenhando roupas que só podem ser usadas por mulheres parecidas com espantalhos. Bolas, uma mulher pode ser fina e ter curvas! — Mae West

A moda é uma variação tão intolerável do horror que tem de ser mudada de seis em seis meses. — Oscar Wilde

MONARQUIA

Não gosto. De coroa, já basto eu. — Hebe Camargo

Sai mais barato para a nação sustentar a família imperial. Esta, pelo menos, sabe-se quantos membros tem. — Delfim Netto

Os reis têm o direito divino de governar errado. — Alexander Pope

Monarquia absolutista, só com o Rei Momo e, mesmo assim, no Carnaval. — Miguel Reale Jr.

MONOGAMIA

A monogamia deixa muito a desejar. — Anônimo

Estou farto desses casamentos convencionais, tipo um homem e uma mulher. Isso era bom no tempo da sua avó, mas quem quer se casar com a sua avó? Ninguém, nem mesmo o seu avô. — Groucho Marx

Sou estritamente monogâmico. Faz mais de vinte anos que fui para a cama com duas mulheres ao mesmo tempo e, mesmo assim, eu estava bêbado demais e não sabia o que fazia. — H. L. Mencken

O homem é naturalmente polígamo. Tem sempre uma mulher levando-o pelo nariz e outra agarrada às suas calças. — H. L. Mencken

A bigamia consiste em ter uma mulher a mais. A monogamia é a mesma coisa. — Oscar Wilde

MORALISMO

Imoralidade é a moralidade daqueles que estão se divertindo mais do que nós. — H. L. Mencken

Na maioria dos casos, toda indignação moral é 2% moral, 48% indignação e 50% inveja. — Vittorio de Sica

Os valores morais são os únicos que conservaram os preços de antigamente. — Stanislaw Ponte Preta

Um moralista é, quase sempre, um hipócrita. Uma moralista é, invariavelmente, um bagulho. — Oscar Wilde

MORTE

Não é que eu tenha medo de morrer. Apenas não quero estar vivo quando acontecer. — Woody Allen

Está morto: podemos elogiá-lo à vontade. — Machado de Assis

A morte não é o fim. Sempre resta a briga pelo espólio. — Ambrose Bierce

Eu vi a cara da morte, e ela estava viva. — Cazuza

O pior não é morrer. É não poder espantar as moscas. — Millôr Fernandes

Uma das poucas razões por que morrer me incomoda é nunca mais ouvir Cole Porter. — Paulo Francis

[*Carta a uma revista que o dera como morto:*]
Acabo de saber que estou morto. Não se esqueçam de me cancelar de sua lista de assinantes. — Rudyard Kipling

[*Tomando o pulso de alguém:*]
Ou este homem está morto ou o meu relógio parou. — Groucho Marx

Velório é um defunto cercado de piadas por todos os lados. — Max Nunes

A morte é o clube mais aberto do mundo. — Otto Lara Resende

Aquele que morre com mais brinquedos ganha. — Frank Sinatra

A morte de uma pessoa é uma tragédia. A de milhões, uma estatística. — Joseph Stálin

MULHERES

O destino reservou uma mulher para cada homem. Se você conseguir escapar dela, estará salvo. — Anônimo

[*Respondendo a um ex-namorado que passou por ela e só lhe disse "Olá!":*]

E eu lá sou mulher de olá? — Aracy de Almeida

A única diferença entre uma mulher siliconada e um halterofilista é o pau pequeno. — Sérgio Augusto

Mulher: um animal que vive geralmente nas proximidades do homem, tendo uma suscetibilidade rudimentar à domesticação. A espécie é a mais vastamente distribuída entre os animais de rapina, infestando todas as partes habitáveis do globo. A mulher é delicada em seus movimentos, é onívora e pode ser ensinada a não falar. — Ambrose Bierce

Os ladrões exigem a bolsa ou a vida. As mulheres exigem ambos. — Samuel Butler

Se inventarem coisa melhor que mulher, eu não quero nem saber. — Tarso de Castro

Ser mulher é um negócio dificílimo, já que consiste basicamente em lidar com homens. — Joseph Conrad

Muitas mulheres não sossegam enquanto não mudam o seu homem. E, quando o conseguem, ele perde a graça. — Marlene Dietrich

Eu seria a maior mulher do mundo se me dedicasse aos homens. — Leila Diniz

São as mulheres que nos inspiram para as grandes coisas que elas próprias nos impedem de realizar. — Alexandre Dumas, *père*

Nunca tente impressionar muito uma mulher porque, se você fizer isso, ela esperará que você mantenha aquele alto padrão pelo resto da vida. — W. C. Fields

A melhor maneira de virar a cabeça de uma mulher é dizer-lhe que ela tem um belo perfil. — Sacha Guitry

Antes das feministas, nunca tinha me passado pela cabeça que as mulheres eram um ser inferior. — Katharine Hepburn

[*Explicando por que não namoraria um homem casado:*]
Não sou mulher pra de cinco às sete. Sou mulher *full-time*. — Danuza Leão

Se você encontrar uma mulher que não vá logo para a cama com você, isso não quer dizer que ela seja careta. É bem provável que seja lésbica. — Fran Lebowitz

Mulher é um bicho esquisito — todo mês sangra. — Rita Lee

A única vantagem de viver na companhia de uma mulher é a mulher. Aponte outra. — Antonio Maria

Gosto de mulheres com uma boa cabeça sobre os ombros. Odeio pescoços. — Steve Martin

Só há uma coisa na qual homens e mulheres concordam: nenhum dos dois confia nas mulheres. — H. L. Mencken

Homem é *voyeur*. Mulher é *destroyer*. — Miguel Paiva

Todas as mulheres deviam ter catorze anos. — Nelson Rodrigues

[*No apogeu das batalhas feministas anti-homem:*]
Uma mulher sem um homem é como um peixe sem uma bicicleta. — Gloria Steinem

As pessoas mais interessantes são os homens que têm futuro e as mulheres que têm passado. — Oscar Wilde

As mulheres nos amam pelos nossos defeitos. Se os tivermos em boa quantidade elas nos perdoarão tudo, até mesmo nossos gigantescos intelectos. — Oscar Wilde

MUNDO

O mundo se divide em pessoas boas e pessoas más. As pessoas boas têm um sono tranqüilo. As pessoas más se divertem muito mais. — Woody Allen

Este mundo está se tornando tão perigoso que um sujeito pode se dar por feliz se sair dele vivo. — W. C. Fields

E se este mundo for o inferno de outro planeta? — Aldous Huxley

O mundo pode ser um palco. Mas o elenco é um horror. — Oscar Wilde

MÚSICA

[*Para uma violoncelista*:]
Madame, a senhora tem entre as pernas um instrumento capaz de dar prazer a milhões. Basta dedilhá-lo. — Thomas Beecham

Se todos os seres humanos tivessem ouvido realmente apurado, nenhum idiota teria coragem de inventar o acordeom. — Millôr Fernandes

No Brasil, até os canarinhos desafinam. — João Gilberto

[*Triste, diante da pancadaria sonora tocada o dia inteiro nas rádios*:]

A música, tal como a conhecemos, não existe mais. — Antonio Carlos Jobim

A musicologia está para a música assim como a ginecologia para o amor. — Herbert von Karajan

Minha objeção aos instrumentos de sopro é que eles prolongam a vida de quem os toca. — George Bernard Shaw

N

NAÇÃO

Uma nação é uma sociedade unida por uma ilusão a respeito de seus ancestrais e um ódio comum aos vizinhos. — William Ralph Inge

As grandes nações sempre agiram como gângsteres; as pequenas, como prostitutas. — Stanley Kubrick

NAMORO

Exceto Paulo e Virgínia, todo homem é mortal e sua primeira namorada foi um monstro. — Alfredo Grieco

As mulheres estragam qualquer romance, com essa mania de querer que eles durem para sempre. — Oscar Wilde

NARCISISMO

Um narcisista é alguém mais bonito do que você. — Gore Vidal

NATUREZA

Case-se com uma mulher que goste da vida ao ar livre. Assim, se você a atirar pela janela de madrugada, ela sobreviverá. — W. C. Fields

NEGÓCIOS

A concordata é um procedimento legal, segundo o qual você enfia o dinheiro no bolso das calças e dá o seu casaco aos credores. — Joey Adams

Reuniões são indispensáveis quando não se quer decidir nada. — John Kenneth Galbraith

Qualquer pessoa que diga quatro vezes que não pedirá demissão, pedirá. — John Kenneth Galbraith

Um contrato verbal não vale a tinta com que é assinado. — Samuel Goldwyn

[*Se você for passado para trás num negócio:*]
Não fique puto. Vá à forra. — Joseph P. Kennedy

Quando se esfola um cliente deve-se deixar que alguma pele cresça no lugar, para que se possa esfolá-lo de novo. — Nikita Krushchev

Duplicata é essa coisa que sempre vence. Nunca empata. — Max Nunes

Pinto os cabelos de preto para os encontros amorosos e de branco para as reuniões de negócios. — Aristoteles Onassis

Se sua empresa começou a fazer água, bote um limãozinho, engarrafe e venda na praia. — Agamenon Mendes Pedreira

NEPOTISMO

Já começou cedo, quando Deus nomeou Seu filho para a Santíssima Trindade. — Agamenon Mendes Pedreira

NOIVA

Noiva, *s.f.* Uma mulher com uma bela perspectiva de felicidade às suas costas. — Ambrose Bierce

NOVA YORK

A maior cidade de Porto Rico. — Paulo Francis

Nova York não é Meca. Só o cheiro é igual. — Neil Simon

NOVELAS

Só em novela de televisão é que casa de rico é chamada de mansão, barco é chamado de iate e copeiro é chamado de mordomo. — Barbara Gancia

NOVOS-RICOS

O novo-rico me incomoda muito. Mas o novíssimo-riquíssimo me incomoda muitíssimo mais. — Zozimo Barrozo do Amaral

Pessoas que têm um terno para cada dia da semana são novos-ricos da pior espécie. Um cavalheiro precisa de apenas dois ternos. — Douglas Sutherland

NUDEZ

Se Deus quisesse que andássemos nus, já teríamos nascido desse jeito. — Anônimo

[*Quando lhe perguntaram se era verdade que só nadava nua*:]
Qual é o problema? Alguém já viu um peixe de maiô? — Greta Garbo

Quando a mulher tira a roupa no quarto, já está 1 a 0 para ela. — Paulo Garcez

Os magros só deviam amar vestidos, e nunca no claro. —
Nelson Rodrigues

Só o rosto é indecente. Do pescoço para baixo, podia-se andar nu. — Nelson Rodrigues

Muitas pessoas se ofendem diante da nudez. Pessoalmente, não vejo por que um corpo feio possa ser mais ofensivo do que um vestido feio. — Evelyn Waugh

OBSCENIDADE

É tudo aquilo que provoca uma ereção num juiz. — Anônimo

Obscena não é a foto de uma mulher nua com os pêlos à mostra, mas a de um general fardado exibindo suas medalhas ganhas numa guerra agressora. — Herbert Marcuse

Nunca o brasileiro foi tão obsceno. Vivemos uma fase ginecológica. — Nelson Rodrigues

OBSOLETO

Se é bom, vão parar de fabricar. — Stanford Beer

Se funciona, já é obsoleto. — Marshall McLuhan

OBSTINAÇÃO

Eu sou firme; *você* é obstinado; *ele* é teimoso como uma mula. — Bertrand Russell

ÓBVIO

Só os profetas enxergam o óbvio. — Nelson Rodrigues

Todo óbvio é ululante. — Nelson Rodrigues

ÓCIO

Todo vagabundo tem um nome a lazer. —
Agamenon Mendes Pedreira

ÓDIO

Nunca se case com um homem que odeie a própria mãe. Ele acabará odiando você. — Jill Bennett

Sou livre de qualquer preconceito. Odeio todo mundo, indistintamente. — W. C. Fields

Não levo ninguém a sério o bastante para odiá-lo. —
Paulo Francis

Nunca odiei um homem o suficiente para lhe devolver os diamantes. — Zsa Zsa Gabor

Se você odeia alguém, é porque odeia alguma coisa nele que faz parte de você. O que não faz parte de nós não nos perturba. — Herman Hesse

Toda pessoa normal se sente tentada, de vez em quando, a cuspir nas mãos, içar a bandeira negra e sair por aí cortando gargantas. — H. L. Mencken

Qualquer ginasiano pode amar como um idiota. Mas odiar, meu filho, é uma arte. — Ogden Nash

Ofender é o meu prazer. Adoro ser odiado. — Edmond de Rostand

ÓPERA

As pessoas se enganam quando dizem que a ópera já não é a mesma. Ela é a mesma — e este é o problema. — Noël Coward

Ópera em inglês faz tanto sentido quanto beisebol em italiano. — H. L. Mencken

Não quero saber em que língua a ópera será cantada — desde que seja numa língua que eu não entenda. — Wilson Mizner

[*Opinião chocante, vindo de um namorado de Maria Callas*:]
Para mim, uma ópera não passa de um bando de *chefs* italianos gritando receitas de risotos uns para os outros. — Aristoteles Onassis

184

OPERÁRIOS

A classe operária pode ir para o paraíso, mas muitos pingentes ficarão pelo caminho. — Anônimo

ORGASMO

Não é para contar vantagem, mas eu conheço, num piscar de dedos, o verdadeiro orgasmo clitórico. — Vinicius de Moraes

Às vezes, fala o falo; outras, fala o dedo. — Vinicius de Moraes

O orgasmo substituiu a cruz como o ideal de uma aspiração e símbolo de uma plenitude. — Malcolm Muggeridge

ORGULHO

Um luxo a que uma mulher apaixonada não pode se permitir. — Clare Boothe Luce

ORIENTE MÉDIO

A civilização começou no Oriente Médio e pelo jeito também é lá que vai acabar. — Sérgio Augusto

Só a hipocrisia pode explicar por que um lugar tão sangrento como a Faixa de Gaza ainda não mudou seu nome para Faixa da Gaze. — Sérgio Augusto

OTÁRIOS

Nunca jogue limpo com um otário. — W. C. Fields

Nasce um otário por minuto. — P. T. Barnum

Um otário não se dá por feliz enquanto não vai para o céu. — William Kennedy

OTIMISMO

O diabo é um otimista, se acha que pode tornar as pessoas piores do que já são. — Karl Kraus

O otimista acha este o melhor dos mundos. O pessimista tem certeza. — J. Robert Oppenheimer

O otimista erra tanto quanto o pessimista, mas pelo menos sofre só uma vez. — Fernando Sabino

P

PAIS

Quando eu tinha seis anos, meus pais se mudaram. Mas eu os encontrei de novo. — Woody Allen

Certo dia, atrasei-me ao voltar da escola e meus pais pensaram que eu havia sido seqüestrado. E aí entraram imediatamente em ação: alugaram meu quarto. — Woody Allen

Meus pais não tinham dinheiro para me comprar um ioiô no Natal. Então me compraram um iô. — Max Eastman

Fui criado para me parecer com meu pai, falar como meu pai, ter a postura de meu pai, andar como meu pai, pensar como meu pai e desprezar meu pai, como minha mãe. — Jules Feiffer

Papai e mamãe eram muito crianças quando se casaram. Ele tinha dezoito anos, ela dezesseis e eu três. — [Atribuído a] Billie Holiday

Meu pai me contou toda aquela história a respeito dos passarinhos, abelhinhas etc. Resultado: namorei firme com um pica-pau até os 21 anos. — Bob Hope

A paternidade é uma profissão importante. Tão importante, aliás, que deveria exigir testes de aptidão, no interesse dos filhos. — George Bernard Shaw

Os pais são os ossos com que os filhos afiam os dentes. — Peter Ustinov

Os pais de hoje já não escutam os filhos. Perderam completamente o respeito pelos mais jovens. — Oscar Wilde

PAIXÃO

A duração de uma paixão é proporcional à resistência original da mulher. — Honoré de Balzac

Muitos homens já se apaixonaram por uma mulher numa sala sob cuja iluminação eles não se atreveriam a escolher um terno. — Maurice Chevalier

Muitos homens que se apaixonam pela covinha de um sorriso cometem o erro de se casar com a garota inteira. — Stephen Leacock

Paixão por mulher com sotaque só dura dois meses. — Vinicius de Moraes

Quando duas pessoas estão sob a influência da mais violenta, insana, enganosa e passageira das paixões, são obrigadas a jurar que continuarão naquele estado excitado, anormal e tresloucado até que a morte as separe. — George Bernard Shaw

A única diferença entre um flerte e uma paixão eterna é que o flerte dura um pouquinho mais. — Oscar Wilde

Estou apaixonado pela mesma mulher há 41 anos. Se minha esposa descobrir, vai me matar. — Henny Youngman

PALAVRÕES

O Brasil é que é o próprio palavrão. — Dercy Gonçalves

O palavrão está corrompido pelas mulheres. —
Nelson Rodrigues

Em certas circunstâncias, um palavrão provoca um alívio inatingível até pela oração. — Mark Twain

"Merda", disse a Madre Superiora. Não se assuste. É que eu sempre quis começar um conto assim. —
Luis Fernando Verissimo

PAQUERA

Os homens mais paquerados pelas mulheres são o cafajeste e a bicha. — Chico Anysio

Conte-me tudo a seu respeito — suas lutas, seus sonhos, seu número de telefone. — Peter Arno

[*Para o mensageiro do hotel*:]
Mande duas dúzias de rosas para o apartamento 424 e escreva "Emily, eu te amo" no verso da conta. — Groucho Marx

O importante não são as flores, mas o cartão. Inclusive o de crédito. — Washington Olivetto

PARIS

Quando me mudei para Paris, não entendia nada de vinhos. Dois anos depois, já era capaz de saber se um vinho era branco ou tinto sem ter de prová-lo. Bastava olhar para a garrafa. — Art Buchwald

PASSADO

Aqueles que não conseguem se lembrar do passado estão condenados a repeti-lo. — George Santayana

190

PATRIOTISMO

A pátria é o sangue dos outros. — Henri Jeanson

O patriotismo é o último refúgio dos canalhas. — Samuel Johnson

PATRÕES

Não quero puxa-sacos perto de mim. Quero gente que me diga a verdade, mesmo que isso lhe custe o emprego. — Samuel Goldwyn

PECADO

Os homens não foram sequer capazes de inventar um oitavo pecado capital. — Théophile Gautier

As mulheres honestas não se conformam com os pecados que não cometeram. — Sacha Guitry

PENA DE MORTE

A forca é o mais desagradável dos instrumentos de corda. — Barão de Itararé

191

Para aplicar a pena de morte, a sociedade deveria ostentar a autoridade moral de não ter contribuído em nada para fabricar esse criminoso. — Evaristo de Moraes Filho

Aqui também existe a pena de morte. Mas só para a vítima. — Max Nunes

Mostre-me seis linhas escritas pelo mais honesto dos homens e eu encontrarei um motivo para enforcá-lo. — Richelieu

Se Deus realmente ajuda a quem cedo madruga, ninguém seria fuzilado, eletrocutado ou enforcado às cinco da manhã. — Joel Silveira

PÊNIS

Discordo de Freud. Não acho que a inveja do pênis seja exclusiva das mulheres. — Woody Allen

O pênis é um órgão cego, que só serve para fazer filhos e, sexualmente, dá prazer apenas ao homem. O que dá prazer à mulher é a mão — dele ou dela. — Elsimar Coutinho

Que seja infinito enquanto duro. — Vinicius de Moraes

Nunca tive inveja do pênis. — Angela Ro Ro

[*Diálogo do filme* Myra Breckinridge, *1970*:]

MAE WEST: Quanto você mede, *cowboy*?

COWBOY: Dois metros e dezoito centímetros.

MAE WEST: Bem, esqueça os dois metros e vamos falar sobre esses dezoito centímetros. — Mae West

PERDÃO

Pedir perdão é assentar o terreno para futuras ofensas. — Ambrose Bierce

Se a mulher já perdoou o seu homem, não deve requentar os pecados dele no café-da-manhã. — Marlene Dietrich

Há pessoas que retiram com prazer aquilo que acabaram de dizer, como quem retira uma espada do ventre do adversário. — Jules Renard

Não se apresse em perdoar. A misericórdia também corrompe. — Nelson Rodrigues

Cuidado com o homem que não devolve a bofetada. Ele não a perdoou, nem permitiu que você se perdoasse. — George Bernard Shaw

Posso perdoar a Alfred Nobel a invenção da dinamite, mas só um demônio teria concebido o prêmio Nobel. — George Bernard Shaw

Uma mulher perdoará um homem por tentar seduzi-la, mas não o homem que perde essa oportunidade quando ela lhe é oferecida. — Talleyrand

PERMISSIVIDADE

A falta de limites já passou dos limites. — Barbara Gancia

PESCARIA

Uma vara de pesca é um instrumento fino, comprido e roliço, contendo um idiota numa ponta e uma minhoca na outra. — Samuel Johnson

PESSIMISMO

O pessimista é um sujeito que olha para os dois lados antes de atravessar uma rua de mão única. — Laurence J. Peter

As coisas ainda vão piorar muito antes de piorar. — Lily Tomlin

PIRATARIA

Os piratas modernos trocaram a perna pela cara-de-pau. — Marcela Pereira Gazal

PLÁGIO

Quem cita fonte é água mineral. — Aldir Blanc

Quando se rouba de um autor, chama-se plágio. Quando se rouba de muitos, chama-se pesquisa. — Wilson Mizner

POBRES

Uma das poucas vantagens de ser pobre é que sai muito mais em conta. — Anônimo

Meus filhos não gozaram do privilégio que eu tive: nascer pobre. — Kirk Douglas

Os fracos herdarão a terra, mas não os direitos sobre o subsolo. — J. Paul Getty

Houve época em que minhas calças estavam tão rotas que eu podia me sentar sobre uma moeda e saber se era cara ou coroa. — Spencer Tracy

PODER

O poder corrompe. O poder absoluto corrompe absolutamente. — Lord Acton

O poder corrompe. E o poder absoluto corrompe muito melhor. — Millôr Fernandes

O poder corrompe, mas a falta de poder corrompe absolutamente. — Adlai Stevenson

Existem duas espécies de mulheres: as que querem o poder no mundo e as que querem o poder na cama. — Jacqueline Kennedy Onassis

Sexo é bom. Mas poder é melhor. — Jiang Qing

POESIA

Poesia é aquilo que se perde na tradução. — Robert Frost

POLÍTICA

Não conte para a mamãe que eu entrei para a política. Ela ainda pensa que eu toco piano naquele puteiro. — Anônimo

No Brasil, a vida pública é, muitas vezes, a continuação da privada. — Barão de Itararé

Considero-me profundamente alienado. Eu me recuso a ser politizado. — Carlos Heitor Cony

Não fosse a política, todos poderíamos ser melhores. — Carlos Heitor Cony

Como nenhum político acredita no que diz, fica sempre surpreso ao ver que os outros acreditam nele. — Charles de Gaulle

Uma seita ou um partido político é apenas um eufemismo elegante para poupar um homem do vexame de pensar. — Ralph Waldo Emerson

Não gosto da direita porque ela é de direita, e não gosto da esquerda porque ela é de direita. — Millôr Fernandes

A política não é a arte do possível. Consiste em escolher entre o desastroso e o intragável. — John Kenneth Galbraith

Nada é tão admirável em política quanto uma memória curta. — John Kenneth Galbraith

O segredo do demagogo é se fazer passar por tão estúpido quanto sua platéia, para que esta imagine ser tão esperta quanto ele. — Karl Kraus

Se me virem dançando com mulher feia, é porque a campanha já começou. — Juscelino Kubitschek

[*Parafraseando o velho dito "O homem é um animal político":*]

O homem político é um animal. — Agamenon Mendes Pedreira

No Brasil, a política se resume em não deixar a onça com fome, nem o cabrito morrer. — Stanislaw Ponte Preta

A prosperidade de alguns homens públicos do Brasil é uma prova evidente de que eles vêm lutando pelo progresso do nosso subdesenvolvimento. — Stanislaw Ponte Preta

Ao contrário do que se diz, pode-se enganar a muitos durante muito tempo. — James Thurber

Política é esperar o cavalo passar. — Getúlio Vargas

POLUIÇÃO

[*A respeito da frágil serventia dos nossos emissários submarinos*:]
O único *know-how* de merda que nós, brasileiros, temos não merece outra classificação. — Sérgio Augusto

PORNOGRAFIA

Por que os filmes pornôs são chamados de "adultos"? — Noël Coward

[*Corrigindo um equívoco histórico*:]
Nunca fui pornográfica. Talvez seja pornofônica. — Dercy Gonçalves

PRESENTES

Nunca se deve dar a uma mulher nada que ela não possa usar à noite. — Oscar Wilde

PRINCÍPIOS

Se os seus princípios são rígidos e inabaláveis, você, pessoalmente, já não precisa ser tanto. — Millôr Fernandes

A única maneira de sobreviver neste ninho de cobras é agarrando-se a um princípio. Um princípio nobre. O mais nobre que você puder. E, enquanto eles estiverem olhando para esse princípio, você foge com o dinheiro. — Lillian Hellman

PROBLEMAS

Estou para ver um problema, por mais complicado, que, quando examinado pelo ângulo certo, não se torne ainda mais complicado. — Poul Anderson

PROFUNDIDADE

No fundo, sou bastante superficial. — Ava Gardner

A coisa mais profunda em certas mulheres é o sono. — Sacha Guitry

Um homem que diga que conhece as mulheres pelo avesso não sabe o que está perdendo. — Groucho Marx

A maquiagem nos diz mais do que um rosto. — Oscar Wilde

PROGRESSO

Meu pai trabalhou na mesma empresa durante doze anos. Eles o demitiram e o substituíram por uma maquininha deste tamanho e que fazia tudo que meu pai fazia, só que melhor. O deprimente é que minha mãe também comprou uma igual. — Woody Allen

Lei de Murphy: O progresso é a troca de uma aporrinhação por outra. — Arthur Bloch

Já faz muito tempo. Mas ainda me lembro do tempo em que o ar era limpo e o sexo era sujo. — George Burns

O progresso pode ter sido benéfico. Mas agora foi longe demais. — Ogden Nash

PROSTITUIÇÃO

Prostituição e família. Uma não cai sem levar a outra. — José Lino Grünewald

A diferença entre o sexo pago e o sexo grátis é que o sexo pago costuma sair mais barato. — H. L. Mencken

Queria abrir uma seita. Se não der, um bordel. — Angela Ro Ro

PROTESTANTISMO

A única contribuição do protestantismo ao pensamento humano foi provar, de forma irrefutável, que Deus é um chato. — H. L. Mencken

Incrível como meu ódio aos protestantes desaparece quase por completo quando sou apresentado às suas mulheres. — H. L. Mencken

PSICANÁLISE

Fiz análise de grupo quando era jovem porque não podia pagar uma análise individual. Cheguei a ser capitão do time de vôlei dos Paranóicos Latentes. Todos nós, os neuróticos, tirávamos o domingo de manhã para fazer algum esporte. Era sempre os Roedores de Unhas contra os Mijões na Cama. — Woody Allen

[*Queixando-se dos preços cobrados pelos analistas modernos:*]

Na Viena de 1906, por cinco dólares você podia ser analisado pelo próprio Freud. Por dez dólares, Freud deixaria que você o analisasse. E, por quinze dólares, ele não apenas o analisaria como passaria suas calças a ferro. — Woody Allen

Só há pouco descobri que meu grande problema é um desejo intenso de retornar ao útero. *Qualquer* útero. — Woody Allen

A psicanálise faz com que pessoas bastante simples sintam-se complexas. — S. N. Berhman

A psicanálise é a confissão sem a absolvição. — G. K. Chesterton

No peito dos psicanalistas também bate um coração. — Eduardo Mascarenhas

Gostaria de fazer uma pequena declaração sobre a psicanálise: "Vá se foder, doutor Freud". — Oscar Levant

Por que eu deveria tolerar um estranho na cabeceira da minha mente? — Vladimir Nabokov

A psicanálise é a maneira mais rápida e objetiva de ensinar as pessoas a odiar o pai, a mãe e os amigos. — Otto Lara Resende

PSIQUIATRIA

O psiquiatra é a primeira pessoa com quem você deve falar depois que começa a falar sozinho. — Fred Allen

O neurótico constrói um castelo no ar. O psicótico mora nele. O psiquiatra cobra o aluguel. — Jerome Lawrence

PUBLICIDADE

O comercial está para o produto assim como o sexo para o amor. Um não tem necessariamente a ver com o outro. — Philippe Bouvard

Acho ridículo andar com uma calça que tenha o nome de alguém na minha bunda. Bunda que mamãe beijou vagabundo nenhum põe tarja. — Paulo Francis

[*Sua receita para vencer no mundo da publicidade*:]
Primeiro, crie a reputação de que você é um gênio da publicidade. Segundo, cerque-se de parceiros melhores que você. Terceiro, deixe-os fazer o serviço. — David Ogilvy

Quase todos os grandes publicitários são analfabetos. Saber escrever é uma desvantagem nesse ramo, já que a maioria dos fregueses são donas de casa ignorantes. — David Ogilvy

A geladeira aqui de casa é Brastemp. Mas manda a honestidade reconhecer que também não é nenhuma Brastemp. — João Ubaldo Ribeiro

PÚBLICO

Amo o público, mas não o admiro. Como indivíduos, sim. Mas, como multidão, não passa de um monstro sem cabeça. — Charles Chaplin

[*Comandando os aplausos durante um show dos Beatles*:]
As meninas sentadas nos lugares baratos batam palmas. As outras podem chacoalhar suas jóias. — John Lennon

A platéia só é respeitosa quando não está entendendo nada. — Nelson Rodrigues

Nada mais Z do que um público classe A. — Caetano Veloso

O público é uma besta feroz. Deve-se enjaulá-lo ou fugir dele. — Voltaire

PUDOR

Uma mulher classuda é aquela que nunca mostra sua lingerie sem querer. — Sra. Patrick Campbell

A inocência não se envergonha de nada. —
Jean-Jacques Rousseau

Ultraje ao pudor é essa coisa que se faz escondido. —
Stanislaw Ponte Preta

Ninguém se ruboriza no escuro. — Benjamin Whichcote

PUREZA

Sou tão pura quanto óleo usado. — Tallulah Bankhead

Eu costumava ser Branca de Neve — mas me transviei. —
Mae West

PURITANISMO

Mostre-me um puritano e eu lhe mostrarei um filho-da-puta. — H. L. Mencken

R

RADICAIS

Um radical é um homem com os dois pés firmemente plantados nas nuvens. — Franklin D. Roosevelt

RÁDIO

Os visigodos são muitos, multiplicam-se como ratos e têm todos os DJs do seu lado. — Sérgio Augusto

Noticiários de rádio até que são suportáveis. Principalmente porque, enquanto as notícias estão sendo transmitidas, os DJs ficam fora do ar. — Fran Lebowitz

RAZÃO

Se a razão fosse o critério para que as coisas tivessem permissão para existir, o mundo não passaria de uma vasta plantação de soja. — Tom Stoppard

Quando o povo começa a raciocinar, é porque já está tudo perdido. — Voltaire

O homem é um animal racional que sempre perde a cabeça quando chamado a agir pelos ditames da razão. — Oscar Wilde

Posso perdoar a força bruta, mas a razão bruta é uma coisa irracional. É bater abaixo da linha do intelecto. — Oscar Wilde

REENCARNAÇÃO

Se houver outra vida e eu tiver alguma mobilidade, prometo levar meu ectoplasma para Brasília e infernizar essa *canaille*. — Paulo Francis

Não vejo vantagem na reencarnação, a não ser que conte tempo para o INPS. — Luis Fernando Verissimo

RELIGIÃO

[*Sugestão para um 11º mandamento*:]
Não serás apanhado cometendo os dez anteriores. — Michael Butterworth

A religião fez maravilhas pelo amor, tornando-o um pecado. — Anatole France

Faço shows para todas as religiões. Detestaria prejudicar minha ida para o Céu por um simples detalhe técnico. — Bob Hope

Todas as religiões são fundadas sobre o temor de muitos e a esperteza de poucos. — Stendhal

Quando era núncio em Paris, vi mais seios do que santos. — Papa João XXIII

RESTAURANTES

Quando for a um restaurante, escolha sua mesa com cuidado. Em certos casos, é bom ficar bem perto do banheiro. Em outros, o mais longe possível. — Groucho Marx

REVOLUÇÃO

Revolução, *s.f.* Em política, uma mudança abrupta na forma de desgoverno. — Ambrose Bierce

O espírito revolucionário é muito conveniente. Ele nos libera de todos os escrúpulos no que se refere a idéias. — Joseph Conrad

[*Sobre a decapitação do rei Luís XVI na Revolução Francesa*:]
Cortamos a cabeça do único rei que não tinha uma. — Henri Jeanson

Uma revolução é uma opinião apoiada por baionetas. — Napoleão

Nossas revoluções nunca passaram de um conto de fardas. — Max Nunes

Luta armada não é batalha de confete. — Nelson Rodrigues

Com exceção do capitalismo, não há nada mais revoltante do que uma revolução. — George Bernard Shaw

RICOS

Sou rico, mas não sou mesquinho. Eu também cheiro mal. — Cazuza

Todo milionário é infeliz. Se torra seu dinheiro, é chamado de insensível e exibicionista. Se leva uma vida discreta e reclusa, é chamado de sovina. — J. Paul Getty

Os ricos são muito chatos e, além disso, bebem demais. — Ernest Hemingway

O Brasil precisa explorar com urgência a sua riqueza — porque a pobreza não agüenta mais ser explorada. — Max Nunes

Um milionário deve sempre viver um pouco além de suas posses — para manter a credibilidade. — Aristoteles Onassis

É possível que muitas ações de minhas propriedades estejam na posse de outra pessoa. Seja como for, eu sou o proprietário dessa pessoa. — Aristoteles Onassis

Já fui rica e já fui pobre. Ser rico é melhor. — Sophie Tucker

RIO DE JANEIRO

O problema de Brasília é o tráfico de influência. O do Rio é a influência do tráfico. — Zozimo Barrozo do Amaral

O Rio é a cidade mais segura do mundo. Pergunte a qualquer bandido. — Anônimo

A natureza não é sábia. Se fosse, não faria uma cidade maravilhosa bem no meio da especulação imobiliária. — Millôr Fernandes

[*Referindo-se à expressão inventada em 1912*:]
Cidade maravilhosa. Quando o adjetivo chegou, o substantivo já estava estragado. — Agrippino Grieco

Já vi Côte d'Azur, Nápoles, Hong Kong. Nada se compara à avenida Atlântica vista do 24º andar. — Paulo Francis

[*Tom Jobim, no Rio, comparando-o a Nova York*:]
Lá é bom, mas é uma merda. Aqui é uma merda, mas é tão bom. — Antonio Carlos Jobim

No Rio ninguém faz sexo. Ele já vem pronto. — Luis Fernando Verissimo

ROCK 'N' ROLL

Se os garotos comessem essa música em vez de ouvi-la, a juventude já estaria morta há muito tempo. — Anônimo

Sempre que dão um peido, os *skinheads* queimam dois neurônios. — Sérgio Augusto

Se as letras dos Rolling Stones quisessem dizer alguma coisa, seriam péssimas. — Truman Capote

Todos os meus discos são uma comédia. — Bob Dylan

O rock é repetitivo, monótono e fascista. — Lobão

Se as pessoas comprassem os discos pela música, o rock já teria acabado há muito tempo. — Malcolm Mclaren

O rock é a Aids da música. — Julio Medaglia

Um repórter de rock é um jornalista que não sabe escrever, entrevistando gente que não sabe falar, para pessoas que não sabem ler. — Frank Zappa

Um ouvinte típico de rock é um garoto tão analfabeto que não consegue ler nem o selo do disco que acabou de comprar. — Frank Zappa

RONCO

Ria, e o mundo rirá com você. Ronque, e dormirá sozinho. — Anthony Burgess

Quem nunca teve um pai que ronca não sabe o que é ter pai. — Vinicius de Moraes

S

SADO-MASÔ

Quando eu era criança, meus pais descobriram que eu tinha tendências masoquistas. Então começaram a me bater todos os dias, para ver se eu parava com aquilo. — Woody Allen

Qualquer masoquista competente consegue fazer de um santo um sádico. — Stanley Ellin

Faz tanto tempo que transei pela última vez que já nem me lembro quem levou as chicotadas. — Joan Rivers

SANTO

Santo, *s.m.* Segunda edição revista de um pavoroso pecador. — Ambrose Bierce

Todo santo deveria ser considerado culpado até ser julgado inocente. — George Orwell

SÃO PAULO

Uma cidade em que até os passarinhos já acordam tossindo pela manhã. — Anônimo

[*Ao ser perguntado sobre o lugar mais estranho em que já tinha feito amor:*]
São Paulo. — Bussunda

São Paulo não pode parar. Não tem estacionamento. — Regina Casé

Errar é humano, mas morar em São Paulo só pode ser coisa de brasileiro. — Ivan Lessa

Amo São Paulo com todo o ódio. — Carlito Maia

SAÚDE

Meus reflexos não andam muito bons. Outro dia fui atropelado por um carro que estava sendo empurrado por dois sujeitos. — Woody Allen

Saúde deve ser aquilo a que meus amigos vivem bebendo antes de desabar. — Phyllis Diller

Nenhum de nós acredita em reumatismo e no verdadeiro amor — até o primeiro ataque. — Marie von Ebner Eschenbach

Hipocondria é a única doença que eu não tenho. — Oscar Levant

[*Bilhete para José Aparecido de Oliveira, com quem dividia um apartamento no Rio, nos anos 40:*]

"Tenho o dormir muito tranqüilo, fruto da serenidade interior. Se você me encontrar dormindo, deixe. Morto, acorde-me." — Antonio Maria

Não existe atividade humana, seja comer, dormir, beber, amar ou não fazer nada, que algum médico não acuse de provocar ataques cardíacos. — John Mortimer

Use toda a sua saúde a ponto de esgotá-la. E gaste todo o seu dinheiro antes de morrer. Não vale a pena sobreviver a essas coisas. — George Bernard Shaw

A vida é cruel. Há vinte anos eu não tinha dinheiro para comer caviar todo dia. Agora tenho e não posso, por causa do colesterol. — Ibrahim Sued

SÉCULO XX

Não posso levar a sério um século em que eu vivo. — Carlos Heitor Cony

SEIOS

Se eu fosse mulher, ficava o dia inteiro na frente do espelho, brincando com meus peitinhos. — Ivan Lessa

[*Sobre o filme* Sansão e Dalila, *1949, com Victor Mature e Hedy Lamarr*:]

Não vejo filmes em que o busto do ator é maior que o da atriz. — Groucho Marx

SEPARAÇÕES

Sou eu que deixo antes de ser deixada. Eu decido. — Brigitte Bardot

[*Explicando por que se separou do milionário Conrad Hilton*:]

A única coisa que nós tínhamos em comum era o dinheiro dele. — Zsa Zsa Gabor

[*Quando lhe perguntaram por que trocara sua mulher por outra*:]

Porque sou escroto. — Ernest Hemingway

[*Quando lhe perguntaram por que suas relações terminavam*:]

Porque nunca há um meio-termo. Quando sou ditadora, eu vou embora, porque o papel não me interessa. E, quando sou escrava, sou dócil de enjoar, e aí quem vai embora é o homem. — Danuza Leão

Um homem nunca se conforma em separar-se sem ouvir bem direitinho, no mínimo quinhentas vezes, que a mulher não gosta mais dele, por que e por causa de quem. Já a mulher pode não ter muita vergonha nos outros lugares, mas na cara tem. Não consente que o homem que a despreza a olhe na cara nem mais um minuto. — Antonio Maria

A mulher abandonada pelo amante acha um grande reconforto na descoberta súbita dos méritos de seu marido. — Oscar Wilde

SEXO

Sexo entre um homem e uma mulher pode ser maravilhoso — desde que você esteja entre o homem certo e a mulher certa. — Woody Allen

Por que escovar os dentes quatro vezes por dia e fazer sexo duas vezes por semana? Por que não o contrário? — Woody Allen

Sexo: quando é bom, é ótimo. Mas, mesmo quando é ruim, ainda é muito bom. — Anônimo

Orgasmo é como ônibus. Você perde um e já, já, vem outro. — Patricio Bisso

Às vezes gosto de sexo — como, por exemplo, depois de um cigarro. — Rodney Dangerfield

O sexo é uma piada de Deus às nossas custas. — Bette Davis

Goethe só foi Goethe porque nunca viu uma bunda. — Paulo Garcez

Há homens que fundam empresas para faturar dinheiro. Preferi faturar mulheres e, para isso, não precisei fundar uma sociedade anônima. Trabalhei como *freelancer*. — Jorginho Guinle

Por incrível que pareça, o sexo nunca me deu prazer maior que o de ouvir jazz ou ler um livro de filosofia. — Jorginho Guinle

[*Quando* O Pasquim *lhe perguntou se era preciso transar com o diretor para ganhar bons papéis no cinema ou na TV*:]
Para as mocinhas que estão começando, talvez. Mas comigo não tem esse negócio não. Porque eu mando logo tomar no (). Quando eu quero, *eu* vou com o cara. — Leila Diniz

Trepada adiada é trepada perdida. — Millôr Fernandes

Não sei nada sobre sexo. Sempre fui casada. — Zsa Zsa Gabor

Quando a mulher sabe que é bonita e gostosa, junta a fome com a vontade de ser comida. — Ivan Lessa

Na mulher, o sexo corrige a banalidade; no homem, agrava. — Machado de Assis

Toda relação sexual se compõe de quatro pessoas, mesmo que só haja duas na cama. É uma orgia composta de um homem, uma mulher, uma bicha e um sapatão. —
Eduardo Mascarenhas

O namoro é mais importante do que a trepada. Eu sou o maior namorador do Brasil, Deus me abençoe. —
Vinicius de Moraes

Para curar um amor platônico, só mesmo uma trepada homérica. — David Neves

Sexo é o único esporte que não é cancelado quando falta luz. — Laurence J. Peter

O sexo é o que restou da pré-história, do vil passado do homem. — Nelson Rodrigues

Se todos conhecessem a intimidade sexual uns dos outros, ninguém cumprimentaria ninguém. — Nelson Rodrigues

O ato sexual é uma mijada. — Nelson Rodrigues

Sexo é hereditário. Se seus pais nunca fizeram, você também não fará. — David Drew Zingg

Sexo é o maior nada de todos os tempos. — Andy Warhol

Por que todo esse fuzuê a respeito de ir para a cama com uma pessoa? Se é pelo prazer físico, prefiro ir ao dentista. — Evelyn Waugh

Eu nunca iria para a cama com um perfeito desconhecido. A não ser que esse desconhecido fosse perfeito. — Mae West

Já tive tantos homens na vida que às vezes acho que o FBI devia me procurar, quando quisesse comparar suas impressões digitais. — Mae West

Você vai para a cama com um sujeito hoje e, imagine, no dia seguinte ele já quer te levar para jantar. — Myers Yori

SEXO ORAL

A pior coisa do sexo oral é a vista. — Maureen Lipman

SILÊNCIO

Recorrendo ao meu perfeito domínio do idioma, às vezes fico absolutamente mudo. — Robert Benchley

Certas mulheres não param de falar um minuto. Parece que foram vacinadas com agulha de vitrola. — Groucho Marx

O único casamento capaz de durar para sempre é aquele entre uma mulher cega e um marido surdo. — Montaigne

SINCERIDADE

Os homens são sempre sinceros. Apenas trocam de sinceridade de vez em quando. — Tristan Bernard

[*Ao ser apresentado a uma mulher que só conhecia por telefone*:]
Puxa, como você era bonita ao telefone! — Sacha Guitry

O amoroso é sincero até quando mente. — Nelson Rodrigues

A tarefa mais difícil na vida de uma mulher é provar para um homem que as intenções dele são sérias. — Helen Rowland

SOCIALISMO

O vício inerente ao capitalismo é a distribuição desigual de suas benesses. O do socialismo é a distribuição por igual das misérias. — Winston Churchill

Todos os animais são iguais, mas alguns são mais iguais do que outros. — George Orwell

Já poderíamos ter o socialismo, se não fosse pelos socialistas. — George Bernard Shaw

Os socialistas tratam os seus criados com tanto respeito que não entendem por que eles votam na direita. — Tom Stoppard

SOCIEDADE

Em nossa sociedade, apenas cinco mulheres são capazes de dizer alguma coisa inteligente. Infelizmente, três delas não podem ser recebidas em sociedade. — Oscar Wilde

SOFRIMENTO

Se você está sofrendo, não tenha medo. O fim está próximo. — Robert Benayoun

A dor é inevitável, mas o sofrimento é opcional. — Renato Russo

SOGRAS

Minha sogra destruiu meu casamento. Foi quando minha mulher voltou para casa mais cedo e me pegou na cama com ela. — Lenny Bruce

Não sei por que essa história de que sou tarado só porque transei com minha sogra. E daí? Afinal, era a mãe *dela* — não minha. — Lenny Bruce

É uma pena que os rinocerontes não sejam comestíveis. Eles não são mais duros do que carne de sogra na noite de folga da cozinheira. — W. C. Fields

[*Quando lhe perguntaram que condenação seria mais aplicável a um bígamo:*]
Duas sogras. — Lord John Russell

Não falo com minha sogra há quase dois anos. Ela não gosta de ser interrompida. — Henny Youngman

SOL

O sol nasce para todos. Já o crepúsculo é meio classe média. — Ivan Lessa

Prefiro o amanhecer ao crepúsculo. O crepúsculo é muito acadêmico. — Vinicius de Moraes

SOLIDÃO

As mulheres mais gentis com os cachorros são sempre as que não conseguiram despertar muita simpatia nos homens. — Max Beerbohm

Na noite profunda e escura da alma, são sempre três horas da madrugada. — F. Scott Fitzgerald

No palco, transo com 25 mil pessoas diferentes. E depois vou para a cama sozinha. — Janis Joplin

É muito melhor estar mal acompanhado do que só. A única vantagem da solidão é poder entrar no banheiro e deixar a porta aberta. — Antonio Maria

Deus criou o homem e, vendo que ele não estava sozinho o bastante, providenciou-lhe uma companheira para acentuar sua solidão. — Paul Valéry

Quando tantos se sentem sós, é egoísmo continuar só sozinho. — Tennessee Williams

SOLUÇÃO

A solução para o Brasil é meter o operariado paulista dentro da realidade física do Nordeste, sob a orientação dos intelectuais de Ipanema. Pena que isso só possa acontecer num filme de Glauber Rocha. — Hermano Alves

Não é que eles não vejam a solução. O que eles não enxergam é o problema. — G. K. Chesterton

SORTE

Algumas pessoas descobrem petróleo. Outras, não. — J. Paul Getty

É incrível. Quanto mais trabalho, mais sorte tenho. — Alan Jay Lerner

Sem sorte não se chupa nem um Chicabon. Você pode engasgar com o palito ou ser atropelado pela carrocinha. — Nelson Rodrigues

SUBDESENVOLVIMENTO

Subdesenvolvimento não se improvisa. É obra de séculos. — Nelson Rodrigues

SUCESSO

Uma celebridade é uma pessoa que trabalha duro a vida inteira para se tornar conhecida e depois passa a usar óculos escuros para não ser reconhecida. — Fred Allen

Uma das piores conseqüências do sucesso é termos de nos entediar com pessoas que costumavam nos esnobar. — Lady Astor

Muitos homens devem seu sucesso à primeira mulher — e sua segunda mulher ao sucesso. — Jim Backus

O dicionário é o único lugar onde o sucesso vem antes do trabalho. — Ambrose Bierce

Toda pessoa famosa é meio decepcionante na vida real, porque ninguém consegue ser a essência editada de alguém. — Mel Brooks

225

O sucesso não me interessa. Faço questão de fracassar. —
Paulo Mendes Campos

[*Provavelmente a versão original da famosa frase*:]

Levei vinte anos para fazer sucesso da noite para o dia. —
Eddie Cantor

O sucesso de muitos livros se deve à afinidade entre a mediocridade das idéias do escritor e as do público. —
Nicholas Chamfort

Somos obrigados a acreditar na sorte. Afinal, sem ela, como explicar o sucesso das pessoas que detestamos? — Jean Cocteau

Sucesso significa nunca admitir que você é infeliz. —
Robert Evans

O que é o sucesso? É ouvir um monte de asneiras a seu próprio respeito. — Gustave Flaubert

O melhor momento das pessoas é quando elas estão subindo ou descendo. No topo do mundo, todos ficamos chatos. —
Jorginho Guinle

Tanto o sucesso como o fracasso são difíceis de administrar. Com o sucesso vêm drogas, divórcio, sexo, arrogância, viagens, remédios, depressão, neurose e suicídio. Com o fracasso, vem apenas mais fracasso. — Joseph Heller

O sucesso não me estragou. Sempre fui insuportável. — Fran Lebowitz

Seja agradável com as pessoas enquanto estiver subindo. Você cruzará de novo com elas — quando estiver descendo. — Wilson Mizner

Atrás de todo homem bem-sucedido há uma mulher muito espantada. — Maryon Pearson

Hoje em dia o único brasileiro que dá certo lá fora é o travesti. — Agamenon Mendes Pedreira

Nem todos podemos ser um sucesso. Alguém tem de fracassar para nos aplaudir. — Will Rogers

O segredo do sucesso é ofender o maior número de pessoas. — George Bernard Shaw

Um homem bem-sucedido é aquele que ganha mais dinheiro do que sua mulher consegue gastar. Uma mulher bem-sucedida é aquela que encontra esse homem. — Lana Turner

Sempre que um amigo meu faz sucesso, eu morro um pouco. — Gore Vidal

Sucesso é apenas uma questão de sorte. Pergunte a qualquer fracassado. — Earl Wilson

SUÍÇA

[*Fala clássica do personagem Harry Lime, escrita por Orson, no filme* O terceiro homem:]

A Itália, durante trinta anos sob os Borgia, conheceu a guerra, o terremoto, o assassinato e o derramamento de sangue, mas produziu Michelangelo, Leonardo da Vinci e o Renascimento. Na Suíça, eles têm o amor fraternal e quinhentos anos de democracia e paz — e o que produziram? O relógio de cuco. — Orson Welles

Que bobagem Orson Welles diz em *O terceiro homem*. Os suíços produziram Rousseau, que é a raiz de todo o pensamento revolucionário, fonte e origem do conceito pós-religioso de utopia. E Calvino, o pensador religioso mais influente depois de Jesus Cristo. — Paulo Francis

SUICÍDIO

Todas as minhas tentativas de suicídio foram um fiasco. Eu vivia abrindo as janelas e fechando o gás. — Woody Allen

[*Para sua amiga Dorothy Parker, na enésima tentativa de suicídio desta*:]

Dorothy, se você continuar com isso, vai acabar ficando doente. — Robert Benchley

Aqueles que se sentem exilados neste mundo parecem acreditar que [*com o suicídio*] serão cidadãos em outro. — George Santayana

T

TALENTO

[*Quando lhe perguntaram a que atribuía seu sucesso como teatrólogo, ator, compositor, letrista, cantor, diretor de teatro e cinema, con-
tista e* wit:]
Talento. — Noël Coward

TEATRO

O problema de certas peças é que, infelizmente, os atores
dizem o texto com excessiva clareza. — Robert Benchley

Não gostei da peça, mas é verdade que a vi em condições
adversas: a cortina estava levantada. — Groucho Marx

Os inteligentes estão matando o teatro brasileiro. Um dia te-
remos de chamar os burros para salvá-lo. — Nelson Rodrigues

O cenário da peça era ótimo, mas os atores ficavam na frente dele o tempo todo. — Alexander Woollcott

TECNOCRATAS

Dê o Saara a um tecnocrata e, em cinco anos, o deserto estará importando areia. — Henri Jeanson

TÉDIO

Outro dia perguntei à minha mulher: "Você não está sentindo que o sexo e o tesão estão sumindo do nosso casamento?". Ela respondeu: "Não sei. Vamos falar sobre isso no próximo comercial". — Milton Berle

Nada mais me impressiona. Eu já fui a todas as festas. — Danuza Leão

Não gosto de fazer nada. Nem uma coisinha. Antigamente eu ainda costumava roer as unhas, mas, agora, nem isso. — Dorothy Parker

TELEVISÃO

Um aparelho que permite às pessoas que não têm nada para fazer observar as pessoas que não sabem fazer nada. — Fred Allen

Na Califórnia não se joga o lixo fora. Eles o reciclam na forma de programas de TV. — Woody Allen

Minha televisão fica no quarto da empregada. Sinto que estou envenenando a coitadinha — e ela gosta. — Paulo Francis

Diante do que tem sido mostrado na televisão, eu sou Nossa Senhora da Aparecida. — Dercy Gonçalves

A televisão é um meio [*medium*]. Assim chamada porque não tem princípios nem fins. — Ernie Kovacs

Cachorros que ganham a vida fazendo comerciais de televisão, nos quais pedem comida agressivamente, deveriam ser lembrados de que, na Coréia, eles são a comida. — Fran Lebowitz

Acho a televisão muito instrutiva. Quando alguém a liga em minha casa, corro à estante e pego um bom livro para ler. — Groucho Marx

A violência na TV é uma realidade. A minha, por exemplo, só pega direito se eu der uns murros nela. — Agamenon Mendes Pedreira

A televisão matou a janela. — Nelson Rodrigues

Nunca se deve perder uma oportunidade de fazer sexo ou de aparecer na televisão. — Gore Vidal

Adoro a televisão. Antes dela, dizia-se que o cinema era a arte mais vagabunda que existia. Agora já estamos em segundo lugar. — Billy Wilder

TENTAÇÕES

O problema de resistir a uma tentação é que você pode não ter uma segunda chance. — Laurence J. Peter

Resista a tudo — menos a tentações. — Oscar Wilde

TIPOS

À noite (na penumbra aconchegante das alcovas permissivas), todos os pardos são gatos. — Millôr Fernandes

[*Explicando por que seus filhos eram louros, embora ele dissesse preferir as mulatas:*]

É que, na hora H, eu penso na Suécia. — Antonio Carlos Jobim

Se todos os manetas do mundo se dessem as mãos, não dava pé. — Ivan Lessa

Coreano é igual a paulista: tem cara de japonês, trabalha o tempo todo e não sabe falar português. — Agamenon Mendes Pedreira

Prefiro ser negro a ser gay porque, quando se é negro, você não tem que contar para a sua mãe. — Charles Pierce

TRABALHO

Às vezes me perguntam por que trabalho tanto. É porque, quando ficar velho, quero pôr meus pais num asilo. — Woody Allen

Adoro o trabalho. Sou capaz de ficar horas simplesmente olhando para ele. — Robert Benchley

Não passe o dia na cama — a não ser que você ganhe dinheiro na cama. — George Burns

É muito difícil saber não trabalhar. — Jorginho Guinle

Se o trabalho fosse essa maravilha que se diz, os ricos teriam ficado com ele também. — Lane Kirkland

O trabalho nos livra de três grandes males: o tédio, o vício e a pobreza. — Voltaire

TRANSPORTES

O cavalo já foi um erro. — Thomas Jefferson

[*Provavelmente a versão original da famosa frase:*]
A luz no fim do túnel pode ser a de um trem vindo em sentido contrário. — Robert Lowell

U

ÚLTIMAS PALAVRAS

[*Registro em seu diário na véspera do dia 14 de julho de 1789:*]
"Hoje não aconteceu nada." — Luís XVI

[*Ao inventar o cinema, em 1895:*]
Esta invenção não tem o menor futuro. — Louis Lumière

[*Quando Walt Disney tentou vender-lhe Mickey Mouse em 1927:*]
Está louco? As mulheres na platéia vão sair correndo quando virem um rato de três metros de altura! — Louis B. Mayer

[*O fundador da Paramount, comentando a nova invenção da Warner, em 1927:*]
O cinema sonoro nunca dará certo. É barulhento demais e impede que as pessoas durmam durante o filme. — Adolph Zukor

[*Avaliação do primeiro teste de Fred Astaire no estúdio da RKO em 1930, feita por um executivo:*]
"Não sabe representar. Não sabe dançar. Ligeiramente careca. Canta um pouco."

[*Dirigente do Vasco ao lhe oferecerem um jovem jogador, em 1955:*]

Pelé? Quem é Pelé? Você está brincando comigo. —
Antonio Soares Calçada

[*O gerente de vendas de uma rede de lojas de discos em São Paulo, em 1958, pouco antes de quebrar o recém-lançado 78 rpm* Chega de saudade, *com João Gilberto:*]

Ouçam a merda que o Rio nos manda!

[*Um executivo da gravadora inglesa Decca, ao recusar o demo de um grupo chamado The Beatles, em 1962:*]

Quartetos com guitarras já estão fora de moda.

[*Avaliação realista de Thomas Watson, presidente da IBM, em 1943:*]

Há no mundo, no máximo, mercado para cinco computadores.

[*Previsão otimista da revista* Popular Mechanics *em 1949:*]

No futuro, os computadores não pesarão mais do que uma tonelada.

[*Afirmação pessimista de Ken Osen, presidente da Digital Equipments, em 1975:*]

Ninguém vai querer ter computador em casa.

UNANIMIDADE

Toda unanimidade é burra. — Nelson Rodrigues

V

VAIDADE

[*Mirando-se num espelho, depois dos sessenta anos:*]
Já não se fazem espelhos como antigamente. — Tallulah Bankhead

Os espelhos deviam pensar duas vezes antes de refletir. — Jean Cocteau

Algumas mulheres se acham tão lindas que, quando se olham no espelho, não se reconhecem. — Millôr Fernandes

No exato minuto em que um homem se convence de que é interessante, ele deixa de sê-lo. — Stephen Leacock

Um sujeito apaixonado por si próprio leva pelo menos uma vantagem: não tem muitos rivais. — Georg Christoph Lichtenberg

Não existe um Picasso ruim, embora alguns Picassos não sejam tão geniais quanto outros. — Pablo Picasso

Nunca subestime um homem que se superestima. — Franklin D. Roosevelt

Só conheci três gênios na vida: Pablo Picasso, Alfred North Whitehead e Gertrude Stein. — Gertrude Stein

Pablo [Picasso] e Matisse têm uma masculinidade própria dos gênios. Eu também. — Gertrude Stein

Jacques, reconheço que você não entende muito de literatura, mas, além de mim e de Shakespeare, quem você acha que sobra? — Gertrude Stein

[*A respeito de seu ex-marido, o ator italiano Vittorio Gassman:*]
Ele costumava me tomar em seus braços, me segurar com força — e dizer como ele era maravilhoso. — Shelley Winters

Minha mulher gasta uma fortuna em cremes e óleos para passar pelo corpo inteiro. Quando tento agarrá-la, ela escorrega para fora da cama. — Henny Youngman

VERDADE

Uma gafe é apenas a verdade dita na hora errada. — Mel Brooks

Se você disser umas verdades a uma pessoa pela frente, ela só as ouvirá de você. Mas, se você lhe disser pelas costas, ela as ouvirá de outras quinze ou vinte pessoas. — Fran Lebowitz

É difícil acreditar que um homem esteja dizendo a verdade, quando você sabe muito bem que mentiria se estivesse no lugar dele. — H. L. Mencken

Ao sair de certas bocas, a própria verdade pode ter mau cheiro. — Jean Rostand

Aos vivos, deve-se o respeito. Aos mortos, apenas a verdade. — Voltaire

Toda pessoa que sempre diz a verdade acaba sendo apanhada em flagrante. — Oscar Wilde

Uma verdade deixa de ser verdadeira quando mais de uma pessoa acredita nela. — Oscar Wilde

É monstruoso como, hoje em dia, as pessoas vivem dizendo, pelas nossas costas, verdades terríveis e indiscutíveis contra nós. — Oscar Wilde

VERGONHA

Quando um idiota faz alguma coisa de que se envergonha, diz que está apenas cumprindo seu dever. — George Bernard Shaw

A vergonha passa quando a vida é longa. — Jean-Paul Sartre

[*Ao dizer que, antigamente, se envergonhava da vida que levava e ao ser perguntada se tinha mudado de vida:*]

Não. Apenas deixei de me envergonhar. — Mae West

VIAGENS

Só há duas espécies de viagem: em primeira classe e com crianças. — Robert Benchley

Por que só as pessoas erradas viajam? — Noël Coward

Não confio em produto local. Sempre que viajo levo meu uísque e minha mulher. — Fernando Sabino

VIDA

A vida é o que acontece conosco enquanto fazemos outros planos. — Ben Bagley

A vida é uma merda atrás da outra. — Elbert Hubbard

A vida não é uma merda atrás da outra. É a mesma merda sempre. — Edna St. Vincent Millay

A vida é dura e os primeiros cem anos são os piores. — Wilson Mizner

Viva todos os dias como se fosse o último. Um dia você acerta. — Luis Fernando Verissimo

A vida é uma coisa muito importante para ser discutida a sério. — Oscar Wilde

VINGANÇA

É contra a lei matar uma mulher que nos traiu. Mas nada nos impede de saborear o fato de que ela está envelhecendo a cada minuto. — Ambrose Bierce

A pior vingança de uma mulher é permanecer fiel a um homem. — Jacques Bossuet

Se um homem tomar a sua mulher, não há melhor vingança do que deixá-lo ficar com ela. — Sacha Guitry

VIOLÊNCIA

A indolência com proteínas gera violência. Sei disso. Já fui delinqüente juvenil. — Paulo Francis

Na violência esquecemos quem somos. — Mary McCarthy

Mais violência por parte da sociedade gerará mais violência daqueles que ela não consegue controlar. — Karl Menninger

No Brasil, o que pega fogo com mais facilidade não é álcool nem gasolina. É colchão de penitenciária. — Max Nunes

Respeite os mortos. Depois de um tiroteio na padaria, não pergunte se o presunto é fresco. —
Agamenon Mendes Pedreira

Se quisermos prevenir a violência, não precisamos de menos democracia. Precisamos de mais. — Frederic Wertham

VIRGINDADE

Aposto que, dentro de dez anos, ser virgem estará na moda outra vez. — Barbara Cartland [1976]

Eu não disse? — Barbara Cartland [1987]

[*Ao ser perguntado por* Playboy *com quem tinha perdido a virgindade:*]
Foi com uma bicha que o nosso time inteiro comeu, lá em Bauru. — Pelé

A virgindade é curável, se detectada cedo. —
Henny Youngman

VIRTUDE

Uma das funções do vício é manter a virtude dentro de certos limites. — Samuel Butler

A virtude, como os corvos, faz seu ninho entre ruínas. — Anatole France

A prostituta só enlouquece excepcionalmente. A mulher honesta, sim, é que, devorada pelos próprios escrúpulos, está sempre no limite, na implacável fronteira. — Nelson Rodrigues

Deus me livre da virtude ressentida, da fiel sem amor. — Nelson Rodrigues

A virtude não passa de tentação insuficiente. — George Bernard Shaw

VIÚVOS

A viuvez é uma festa que se dá a sós. — Louis Bourdon

[*Saraivada de diálogos entre Groucho Marx e Margaret Dumont no filme* O diabo a quatro, *1933*:]

MARGARET: Meu marido morreu!

GROUCHO: Aposto que ele está usando isso como desculpa...

MARGARET: Fiquei com ele até o último segundo!

GROUCHO: Não é de espantar que ele tenha morrido.

MARGARET: Eu o estreitei nos meus braços e o beijei!

GROUCHO: Ah! Então foi assassinato! —
Bert Kalmar e Harry Ruby

[*Quando lhe perguntaram por que não ia ao enterro de sua mulher, Marilyn Monroe*:]

Para quê? Ela não estará lá. — Arthur Miller

[*Apresentando sua nona e última mulher aos amigos*:]

Aqui minha viúva. — Vinicius de Moraes

Quando seu terceiro marido morreu, ela ficou loura de desgosto. — Oscar Wilde

X

XENOFOBIA

Um americano pode viver vinte anos no Brasil e, quando volta para os Estados Unidos, ninguém o chama de brasileiro. Já ao nativo, ao indígena, ao aborígine, é proibido sair da taba. — Antonio Carlos Jobim

Z

ZANGÃO

O zangão é a prova de que o golpe do baú sai caro. — Fernando Pessoa Ferreira

ZÉ-POVINHO

Designação vulgar do populacho, que nunca se ofende com ela, contentando-se com pagar impostos e fingir que vota. — Carlos de Laet

ÍNDICE DE AUTORES

ABREU, Capistrano de (1853-1927). Historiador. *Brasileiros*.

ACKROYD, Peter (*n*. 1949). Escritor inglês. *Atração*.

ACTON, Lord (1834-1902). Historiador inglês. *Poder*.

ADAMS, Franlin P. (1881-1960). Jornalista e poeta americano. *Literatura, Memória*.

ADAMS, Joey (*n*. 1911). Humorista americano. *Negócios*.

ADE, George (1866-1944). Humorista e teatrólogo americano. *Literatura*.

ADENAUER, Konrad (1876-1967). Estadista alemão. *História*.

AGNEW, Spiro (1918-96). Político americano. *Intelectuais*.

AGOSTINHO, Santo (354-430 d.C). Padre da Igreja latina. *Castidade*.

AINSLIE, Douglas (1865-1948). Poeta e filósofo inglês. *Confiança*.

ALDISS, Brian (*n*. 1925). Escritor australiano. *Crianças*.

ALKMIN, José Maria (1901-74). Político brasileiro. *Fatos*.

ALLEN, Fred (1894-1956). Humorista e radialista americano. *Bater (em mulher), Califórnia, Cinema, Comissão, Humanidade, Psiquiatria, Sucesso, Televisão*.

ALLEN, Woody (*n*. 1935). Humorista, ator e cineasta americano. *Amor, Casamento, Cozinha, Crianças, Deus, Divórcio, Educação, Ex-Mulher, Fracasso, Homossexualismo, Imagem, Imortalidade, Infância, Inteligência, Judeus, Literatura, Mães, Masturbação, Morte, Mundo, Pais, Pênis, Progresso, Psicanálise, Sado-Masô, Saúde, Sexo, Suicídio, Televisão, Trabalho*.

ALMEIDA, Aracy de (1914-88). Cantora. *Mulheres*.

ALMEIDA, Murilinho de (1924-89). Cantor. *Anatomia*.

ALVES, Hermano (*n*. 1932). Jornalista. *Solução*.

AMARAL, Zozimo Barrozo do (1941-97). Jornalista. *Adultério, Família, Novos-Ricos, Rio de Janeiro*.

AMAURY JR. (*n*. 1950). *Coquetéis*.

AMBLER, Eric (1909-98). Escritor inglês. *Advogados*.

AMIS, Kingsley (1922-95). Escritor inglês. *Dieta*.

AMORY, Cleveland (1907-98). Escritor americano. *Família*.

ANDERSON, Poul (1926-2001). Escritor americano. *Problemas*.

ANDRADE, Carlos Drummond de (1902-87). Poeta. *História*.

ANGELI (*n*. 1956). Quadrinista. *Macho*.

ANÔNIMO — *Abstinência, Animais, Artes Plásticas, Atores, Baianos, Brasil, Brasília, Capitalismo, Carnaval, Casamento, Computador, Conservadores, Coquetéis, Corrupção, Deus, Dinheiro, Diplomacia, Feministas, Fumar, Judeus, Línguas, Monoga-*

247

mia, Mulheres, Nudez, Obscenidade, Operários, Pobres, Política, Rio de Janeiro, Rock 'n' Roll, São Paulo, Sexo.

ANOUILH, Jean (1910-87). Teatrólogo francês. *Deus, Imoralidade.*

ANYSIO, Chico (*n.* 1931). Ator e escritor. *Epitáfios, Feministas, Homossexualismo, Humor, Idade, Paquera.*

ARANTES, Theresa Emilia. Citada por Luiz Gravatá. *Computador.*

ARDEN, Elizabeth (1878-1966). Fabricante americana de cosméticos. *Dinheiro, Emprego.*

ARNO, Peter (1904-68). Cartunista americano. *Paquera.*

ARNOULD, Sophie (1740-1802). Cantora francesa de ópera. *Deus.*

ASQUITH, Margot (1864-1945). Aristocrata inglesa. *Inteligência.*

ASSIS, Machado de (1839-1908). Escritor. *Amor, Chorar, Imoralidade, Morte, Sexo.*

ASTOR, Lady (1879-1964). Socialite anglo-americana. *Maridos, Sucesso.*

ATLEE, Clement (1879-1967). Estadista inglês. *Democracia.*

ATWOOD, Margaret (*n.* 1939). Escritora canadense. *Amor.*

AUGUSTO, Sérgio (*n.* 1942). Jornalista e escritor. *Aposentadoria, Atores, Avião, Ciúme, Deus, Disney World, Incesto, Jazz, Mulheres, Oriente Médio, Poluição, Rádio, Rock 'n' Roll.*

AZEVEDO, Sonia (*n.* 1954). Jornalista. *Liberadas.*

BACKUS, Jim (1913-89). Ator americano. *Sucesso.*

BACON, Francis (1561-1626). Escritor e estadista inglês. *Casamento, Dinheiro.*

BAGLEY, Ben (1933-98). Produtor teatral e fonográfico americano. *Corpo, Homossexualismo, Vida.*

BALL, Lucille (1910-89). Atriz americana. *Lar.*

BALZAC, Honoré de (1799-1850). Escritor francês. *Casamento, Igualdade, Paixão.*

BANKHEAD, Tallulah (1902-68). Atriz americana. *Atores, Drogas, Juventude, Pureza, Vaidade.*

BARDOT, Brigitte (*n.* 1934). Atriz francesa. *Separações.*

BARNES, Beth. Jornalista americana. *Dieta.*

BARNUM, P. T. (1810-91). Empresário circense americano. *Otários.*

BARROSO, Ary (1903-64). Compositor e radialista. *Idade.*

BARRYMORE, John (1882-1942). Ator americano. *Ex-mulher.*

BEATON, Cecil (1904-80). Fotógrafo inglês. *Elegância.*

BEAUVOIR, Simone de (1908-86). Escritora francesa. *Idade.*

BEECHAM, Thomas (1879-1961). Maestro inglês. *Música.*

BEER, Stanford (*n.* 1926). Escritor inglês. *Obsoleto.*

BEERBOHM, Max (1872-1956). Escritor inglês. *Solidão.*

BELLAH, James Warner (1899-1976) e GOLDBECK, Willis (1899-1979). Roteiristas americanos. *Fatos.*

BENAYOUN, Robert (1926-96). Crítico francês de cinema. *Aniversário, Sofrimento.*

BENCHLEY, Robert (1889-1945). Humorista e ator americano. *Beber, Desprezo, Literatura, Medo, Silêncio, Suicídio, Teatro, Trabalho, Viagens.*

BENNETT, Jill (*n.* 1947). Jornalista americana. *Ódio.*

BERENSON, Bernard (1865-1959). Historiador americano de arte. *Coerência*.

BERHMAN, S. N. (1893-1973). Dramaturgo americano. *Psicanálise*.

BERLE, Milton (1908-2002). Comediante americano. *Tédio*.

BERNARD, Tristan (1866-1947). Escritor e dramaturgo francês. *Sinceridade*.

BIANCO, Enrico (*n.* 1918). Artista plástico. *Contradições*.

BIERCE, Ambrose (1842-1914). Escritor americano. *Adultério, Amor, Chatos, Covardia, Crianças, Cristianismo, Egoísmo, Filosofia, Garfo, Guerra, História, Inteligência, Morte, Mulheres, Noiva, Perdão, Revolução, Santo, Sucesso, Vingança*.

BIRABEAU, André (1890-1974). Escritor francês. *Adultério*.

BISMARCK, Otto Von (1815-98). Estadista alemão. *Mentira*.

BISSO, Patricio (*n.* 1957). Comediante argentino radicado no Brasil. *Mágoa, Sexo*.

BLAKE, Nicholas (1904-72). Escritor e poeta inglês. *Atração*.

BLANC, Aldir (*n.* 1946). Compositor e escritor. *Avô, Futebol, Medicina, Plágio*.

BLOCH, Arthur (*n.* 1948). Escritor americano. *Computador, Progresso*.

BOADU, Kankan. Comerciante de Gana, na África, citado por Alberto da Costa e Silva. *Brasil*.

BOGART, Humphrey (1900-57). Ator americano. *Beber*.

BOILEAU, Nicolas (1636-1711). Escritor francês. *Idiota*.

BOMBECK, Erma (1927-96). Humorista americana. *Beber, Carro*.

BORGES, Jorge Luis (1899-1986). Escritor argentino. *Literatura*.

BÔSCOLI, Ronaldo (1929-94). Compositor e jornalista. *Ciúme*.

BOSSUET, Jacques (1627-1704). Teólogo francês. *Vingança*.

BOURDON, Louis (século XIX). Escritor francês. *Viúvos*.

BOUVARD, Philippe (*n.* 1929). Escritor francês. *Publicidade*.

BRADBURY, Malcolm (*n.* 1932). Escritor inglês. *Ménage à Trois*.

BRAGA, Annie. Citada por Luiz Gravatá. *Computador*.

BRAGA, Rubem (1913-90). Escritor. *Epitáfios, Fantasias, Ingratidão, Jornalismo*.

BRECHT, Bertolt (1898-1956). Dramaturgo e poeta alemão. *Bancos*.

BRITO, Mario da Silva (*n.* 1916). Editor e escritor. *Amantes*.

BRIZOLA, Neuzinha (*n.* 1955). Eventualmente cantora. *Ginástica*.

BROOKS, Mel (*n.* 1926). Cineasta americano. *Governo, Mães, Sucesso, Verdade*.

BROTHERS, Joyce (*n.* 1925). Psicóloga americana. *Casamento*.

BROWN, Rita Mae (*n.* 1944). Escritora americana. *Homens*.

BRUCE, Lenny (1925-66). Humorista americano. *Drogas, Miami, Sogras*.

BRYNNER, Yul (1915-86). Ator sino-americano. *Inteligência*.

BUCHWALD, Art (*n.* 1925). Humorista americano. *Americanos, Paris*.

BURGESS, Anthony (1917-93). Escritor inglês. *Ronco*.

BURKE, Billie (1886-1970). Atriz americana. *Idade*.

BURNETT, W. R. (1899-1982). Escritor americano. *Álibi*.

BURNS, George (1896-1996). Ator

americano. *Beber, Governo, Progresso, Trabalho.*

BUSSUNDA (Cláudio Besserman Viana) (1962-2006). Humorista. *São Paulo.*

BUTLER, Nicholas (1862-1947). Pedagogo inglês. *Expert.*

BUTLER, Samuel (1835-1902). Escritor inglês. *Amor, Artes Plásticas, Demônio, História, Juventude, Mentira, Mulheres, Virtude.*

BUTTERWORTH, Michael (*n.* 1924). Escritor inglês. *Religião.*

BYRON, Lord (1788-1824). Poeta inglês. *Amantes, Casamento, Mentira.*

CAIN, James M. (1892-1977). Escritor americano. *Filhos.*

CALÇADA, Antonio Soares (*n.* 1923). Dirigente de futebol. *Últimas Palavras.*

CALLAGHAN, James (1912-2006). Político inglês. *Mentira.*

CAMARGO, Hebe (*n.* 1929). Apresentadora de TV. *Monarquia.*

CAMPBELL, Sra. Patrick (1864-1940). Atriz inglesa. *Dieta, Homossexualismo, Humor, Pudor.*

CAMPOS, Paulo Mendes (1922-91). Poeta e cronista. *Deus, Humanidade, Sucesso.*

CAMPOS, Roberto (1917-2001). Economista. *Economia. Estatais.*

CAMUS, Albert (1913-60). Escritor francês. *Futuro, Ideologia.*

CANTOR, Eddie (1892-1964). Ator americano. *Sucesso.*

CAPEK, Carel (1890-1922). Escritor e dramaturgo tcheco. *Humanidade.*

CAPOTE, Truman (1924-84). Escritor americano. *Ingleses, Masturbação, Rock 'n' Roll.*

CAPP, Al (1909-80). Quadrinista americano. *Artes Plásticas.*

CAPUS, Alfred (1858-1922). Escritor francês. *Adultério.*

CARLOS V (1338-80). Rei francês. *Línguas.*

CAROLINE, Princesa de Mônaco (*n.* 1957). *Dinheiro.*

CARSON, Johnny (*n.* 1925). Apresentador americano de TV. *Corpo, Divórcio, Energia Nuclear.*

CARTLAND, Barbara (1902-2000). Escritora inglesa. *Virgindade.*

CARVANA, Hugo (*n.* 1937). Ator e cineasta. *Beber.*

CASÉ, Regina (*n.* 1954). Atriz. *São Paulo.*

CASOY, Boris (*n.* 1942). Jornalista. *Impotência.*

CASTRO, Tarso de (1942-91). Jornalista. *Mulheres.*

CAVACA, Don Rossé (José Martins de Araújo) (1924-65). Publicitário e humorista. *Animais, Corrupção, Futebol, Matemática.*

CAZUZA (Agenor de Miranda Araújo Neto) (1957-90). Compositor e cantor. *Amor, Ideologia, Morte, Ricos.*

CHAGAS, Marinho (*n.* 1952). Jogador de futebol. *Crise.*

CHAMFORT, Nicholas (1741-94). Escritor francês. *Deus, Sucesso.*

CHANDLER, Raymond (1888-1959). Escritor americano. *Discrição, Los Angeles, Macho.*

CHANEL, Coco (1883-1971). Costureira francesa. *Beleza, Moda.*

CHAPLIN, Charles (1889-1977). Ator e cineasta anglo-americano. *Cristo, Público.*

CHESTERTON, G. K. (1874-1936). Escritor inglês. *Dinheiro, Jornalismo, Psicanálise, Solução.*

CHEVALIER, Maurice (1888-1972). Ator e cantor francês. *Paixão.*

CHRISTIE, Agatha (1891-1976). Escritora inglesa. *Heróis.*

CHURCHILL, Winston (1874-1965). Estadista inglês. *Conciliação, Democracia, Guerra, Homossexualismo, Inimigos, Maridos, Socialismo.*

CÍCERO (106-43 a. C.). Orador latino. *Filosofia.*

CIORAN E. M. (1911-95). Filósofo francês. *Conquista.*

CLARK, Walter (1936-97). Executivo de televisão. *Epitáfios.*

CLARKE, Arthur C. (*n.* 1917). Escritor inglês. *Futuro.*

CLEMENCEAU, Georges (1841-1929). Estadista francês. *Guerra, Militares.*

CLODOVIL (*n.*1937). Costureiro. *Atração.*

COCTEAU, Jean (1889-1963). Poeta, dramaturgo e cineasta francês. *Crianças, Dicionário, Juventude, Maturidade, Sucesso, Vaidade.*

COLERIDGE, Samuel Taylor (1772-1834). Poeta inglês. *Cantores.*

COLETTE (1873-1954). Escritora francesa. *Ciúme, Dieta, Errar, Feministas, Homens.*

CONNOLLY, Cyril (1902-74). Jornalista inglês. *Dieta, Ex-Mulher.*

CONRAD, Joseph (1857-1924). Escritor anglo-polonês. *Mulheres, Revolução.*

CONY, Carlos Heitor (*n.* 1926). Escritor. *Brasil, Cariocas, Humanidade, Literatura, Política, Século XX.*

COOPER, Jilly (*n.* 1937). Humorista inglesa. *Homens.*

CORELLI, Maria (1855-1924). Escritora inglesa. *Casamento.*

CORNUEL, Anne-Marie Bigot de (1614-94). Cortesã francesa. *Heróis.*

COUTINHO, Elsimar (*n.* 1930). Cientista. *Ciúme, Pênis.*

COUTO, Ribeiro (1898-1963). Poeta e escritor. *Carnaval.*

COWARD, Noël (1899-1973). Dramaturgo, ator, cantor, compositor, cineasta e escritor inglês. *Bater (em mulher), Homens, Memória, Ópera, Pornografia, Talento, Viagens.*

COWLEY, Malcolm (1898-1989). Crítico americano. *Gênios.*

CRICHTON, Michael (*n.* 1942). Escritor americano. *Homens.*

CRISP, Quentin (1908-99). Inglês famoso por ser famoso. *Autobiografia, Guerra dos sexos, Juventude, Limpeza.*

CRUZ, Martha Aparecida da. Citada por Luiz Gravatá. *Filosofia.*

CUSSLER, Clive (*n.* 1931). Escritor americano. *Macho.*

DANGERFIELD, Rodney (*n.* 1921). Humorista americano. *Sexo.*

DARROW, Clarence (1857-1938). Advogado americano. *Filhos.*

DAVIDSON, Guime. Citado por Luiz Gravatá. *Computador.*

DAVIS, Bette (1908-89). Atriz americana. *Sexo.*

DAVIS, Miles (1926-91). Músico americano. *Jazz.*

DAVIS, Richard Harding (1864-1916). Escritor inglês. *Cama.*

DAY, Clarence (1874-1935). Dramaturgo americano. *Filhos.*

DELFIM NETTO (Antonio) (*n.* 1930). Economista. *África, Economia, Estatais, Monarquia.*

DE SICA, Vittorio (1901-74). Diretor e ator italiano. *Moralismo*.

DE VRIES, Peter (1910-93). Escritor americano. *Artes Plásticas, Casamento, Deus, Educação, Família*.

DICKINSON, Angie (*n.* 1932). Atriz americana. *Moda*.

DIEGUES, Cacá (Carlos) (*n.* 1940). Cineasta. *História*.

DIETRICH, Marlene (1901-92). Atriz alemã. *Atração, Mulheres, Perdão*.

DILLER, Phyllis (*n.* 1917). Atriz americana. *Feiúra, Guerra dos Sexos, Saúde*.

DILLINGER, John (1903-34). Gângster americano. *Confiança*.

DINIZ, Leila (1945-72). Atriz. *Fidelidade, Macho, Mulheres, Sexo*.

DISNEY, Walt (1901-66). Produtor americano de cinema. *Amor*.

DISRAELI, Benjamin (1804-81). Estadista e escritor inglês. *Casamento*.

DOREN, Mamie Van (*n.* 1933). Atriz americana. Boas *Maneiras*.

DOUGLAS, Kirk (*n.* 1916). Ator americano. *Pobres*.

DOYLE, Arthur Conan (1859-1930). Escritor inglês. *Gênios*.

DRUMMOND, Felipe. Citado por Luiz Gravatá. *Computador*.

DRYDEN, John (1631-1700). Poeta inglês. *Homens*.

DUMAS, *père*, Alexandre (1803-70). Escritor francês. *Adultério, Ingratidão, Mulheres*.

DUMAS, *fils*, Alexandre (1824-95). Escritor francês. *Canalhas*.

DYLAN, Bob (*n.* 1941). Compositor e cantor americano. *Rock 'n' Roll*.

EASTMAN, Max (1893-1959). Escritor e editor americano. *Pais*.

EINSTEIN, Albert (1879-1955). Cientista alemão. *Conquista, Deus, Judeus*.

ELIACHAR, Leon (1922-87). Humorista. *Boas Maneiras, Casamento, Desconfiança, Feiúra*.

ELLIN, Stanley (1916-86). Escritor americano. *Sado-Masô*.

ELLIS, Havelock (1859-1939). Sexólogo inglês. *Civilização*.

EMERSON, Ralph Waldo (1803-82). Poeta e ensaísta americano. *Heróis, Política*.

EN-LAI, Chu (1898-1976). Estadista chinês. *Diplomacia*.

EPHRON, Nora (*n.* 1941). Escritora americana. *Filhos*.

EPSTEIN, Julius (1909-2000) e PHILIP (1909-52) e KOCH, Howard (1902-95). Roteiristas americanos de cinema. *Desprezo*.

ESCHENBACH, Marie Von Ebner (1830-1916). Nobre alemã. *Saúde*.

EVANS, Edith (1888-1976). Atriz inglesa. *Liberadas*.

EVANS, Robert (*n.* 1930). Produtor americano de cinema. *Sucesso*.

FALCÃO (*n.* 1957). Cantor e compositor. *Adultério, Homossexualismo*.

FALCÃO, Aluizio (*n.* 1932). Jornalista. *Carnaval*.

FAORO, Raymundo (*n.* 1925). Sociólogo. *História*.

FAULKNER, William (1879-1962). Escritor americano. *Literatura, Los Angeles*.

FEIFFER, Jules (*n.* 1929). Cartunista americano. *Martírio, Pais*.

FELLINI, Federico (1920-93). Cineasta italiano. *Cinema*.

FERBER, Edna (1887-1968). Escritora e dramaturga americana. *Idade*.

FERNANDES, MILLÔR (*n.* 1924). Escritor e dramaturgo. *Camisinha, Crianças, Cristo, Deus, Educação, Educação Sexual, Feministas, História, Homens, Imortalidade, Impotência, Japoneses, Jornalismo, Ladrão, Literatura, Macho, Medicina, Morte, Música, Poder, Política, Princípios, Rio de Janeiro, Sexo, Tipos, Vaidade.*

FERREIRA, Aurélio Buarque de Holanda (1910-89). Escritor e dicionarista. *Dicionário.*

FERREIRA, Fernando Pessoa (*n.* 1932). Jornalista e escritor. *Brasil, Camisinha, Greve, Zangão.*

FEYDEAU, Georges (1862-1921). Dramaturgo francês. *Adultério.*

FIELDS, W. C. (1879-1946). Ator americano. *Abstinência, Água, Bater (em mulher), Beber, Caráter, Casamento, Crianças, Epitáfios, Ex-mulher, Filhos, Fracasso, Impostos, Mulheres, Mundo, Natureza, Ódio, Otários, Sogras.*

FITZGERALD, F. Scott (1896-1940). Escritor americano. *Abstinência, Solidão.*

FLAUBERT, Gustave (1821-80). Escritor francês. *Literatura, Sucesso.*

FLORIO, John (1553-1625). Escritor inglês. *Ingleses.*

FOOT, Michael (*n.* 1913). Político inglês. *Marxismo.*

FORMAN, Milos (*n.* 1932). Cineasta tcheco. *Masturbação.*

FOWLES, John (*n.* 1926). Escritor americano. *Literatura.*

FRADIQUE, Mendes (José Madeira de Freitas) (1893-1944). Médico e escritor. *Filosofia.*

FRANCE, Anatole (1844-1924). Escritor francês. *Confissões, Moda, Religião, Virtude.*

FRANCIS, Paulo (1930-97). Jornalista e escritor. *África, Artes Plásticas, Cinema, Filosofia, Heróis, Ignorância, Jornalismo, Medicina, Morte, Nova York, Ódio, Publicidade, Reencarnação, Rio de Janeiro, Suíça, Televisão, Violência.*

FRANKLIN, Benjamin (1706-90). Cientista e estadista americano. *Impostos.*

FREITAS, Janio de (*n.* 1932). Jornalista. *Cariocas.*

FREUD, Sigmund (1856-1939). Psicanalista austríaco. *Anatomia.*

FRIEDMAN, Milton (1912-2006). Economista americano. *Economia.*

FROST, Robert (1874-1963). Poeta americano. *Advogados, Bancos, Conservadores, Inteligência, Poesia.*

GABOR, Zsa Zsa (*n.* 1919). Atriz húngaro-americana. *Amor, Divórcio, Família, Homens, Inteligência, Macho, Maridos, Ódio, Separações, Sexo.*

GALBRAITH, John Kenneth (*n.* 1908). Economista americano. *Divórcio, Negócios, Política.*

GALVÃO, Fred. Citado por Luiz Gravatá. *Computador.*

GANCIA, Barbara (*n.* 1958). Jornalista. *Aids, Novelas, Permissividade.*

GANDHI, Mahatma (1869-1948). Líder político indiano. *Fome.*

GARBO, Greta (1905-91). Atriz americana de origem sueca. *Nudez.*

GARCEZ, Paulo (*n.* 1931). Fotógrafo. *Adultério, Economia, Nudez, Sexo.*

GARDNER, Ava (1922-90). Atriz americana. *Guerra dos sexos, Profundidade.*

GAÚCHO, Renato (*n.* 1963). Jogador de futebol. *Bater (em mulher).*

GAULLE, Charles de (1890-1970). Militar e estadista francês. *Franceses, Política.*

GAUTIER, Théophile (1811-72). Escritor francês. *Pecado.*

GAZAL, Marcela Pereira. Citada por Luiz Gravatá. *Pirataria.*

GERSON (de Oliveira Nunes) (*n.* 1941). Jogador e comentarista de futebol. *Fumar.*

GETTY, J. Paul (1892-1976). Bilionário americano. *Dinheiro, Enriquecer, Pobres, Ricos, Sorte.*

GIDE, André (1869-1951). Escritor francês. *Filosofia, Literatura.*

GILBERTO, João (*n.* 1931). Cantor e músico. *Música.*

GINGOLD, Hermione (1897-1987). Atriz e cantora inglesa. *Guerra dos sexos.*

GODARD, Jean-Luc (*n.* 1930). Cineasta francês de origem suíça. *Cinema, Marxismo.*

GOETHE, Johann Wolfgang Von (1749-1832). Poeta e dramaturgo alemão. *Maturidade.*

GOLDWYN, Samuel (1884-1974). Produtor americano de cinema. *Negócios, Patrões.*

GONÇALVES, Dercy (*n.* 1906). Atriz. *Censura, Enriquecer, Feministas, Idade, Maridos, Palavrões, Pornografia, Televisão.*

GONCOURT, Edmond de (1822-96) e Jules de (1830-70). Escritores franceses. *Anatomia, Burocracia.*

GORER, Geoffrey (*n.* 1905). Escritor e antropólogo inglês. *Cozinha.*

GOURMONT, Rémy de (1858-1910). Escritor francês. *Medicina.*

GRANT, Cary (1904-86). Ator anglo-americano. *Impotência.*

GREENE, Graham (1904-91). Escritor inglês. *Liberdade.*

GREER, Germaine (*n.* 1939). Feminista australiana. *Ciúme.*

GRIECO, Agrippino (1888-1973). Escritor. *Imortalidade, Jornalismo, Rio de Janeiro.*

GRIECO, Alfredo (*n.* 1945). Jornalista e fotógrafo. *Namoro.*

GROPIUS, Walter (1883-1969). Arquiteto alemão. *Expert.*

GRÜNEWALD, José Lino (1931-2000). Poeta e jornalista. *Prostituição.*

GUINAN, Texas (1878-1933). Proprietária americana de boate na Lei Seca. *Casamento.*

GUINLE, Jorginho (*n.* 1917). Playboy. *Dinheiro, Epitáfios, Marxismo, Sexo, Sucesso, Trabalho.*

GUITRY, Sacha (1885-1957). Dramaturgo francês. *Adultério, Beber, Boas Maneiras, Cartas, Ciúme, Feiúra, Feministas, Fidelidade, Mulheres, Pecado, Profundidade, Sinceridade, Vingança.*

HAYAKAWA, S. I. (1906-92). Lingüista canadense de origem japonesa. *McDonald's.*

HAYWORTH, Rita (1918-87). Atriz americana. *Cama.*

HEALEY, Denis (*n.* 1917). Político inglês. *Economia.*

HECHT, Ben (1894-1964). Jornalista, escritor e roteirista americano de cinema. *Hollywood.*

HEINE, Heinrich (1797-1856). Poeta alemão. *Feiúra, Inimigos.*

HEINLEIM, Robert (1907-88). Escritor americano. *Estatais.*

HELLER, Joseph (*n.* 1923). Escritor americano. *Maturidade, Sucesso.*

HELLMAN, Lillian (1905-84). Escritora e dramaturga americana. *Princípios.*

HEMINGWAY, Ernest (1899-1961). Escritor americano. *Amor, Ricos, Separações.*

HENFIL (Henrique de Souza Filho) (1944-88). Cartunista. *Caráter.*

HEPBURN, Katharine (n. 1907). Atriz americana. *Atores, Mulheres.*

HERBERT, A. P. (1890-1971). Jornalista e escritor inglês. *Lua-de-Mel.*

HESSE, Herman (1877-1962). Escritor alemão. *Ódio.*

HITCHCOCK, Alfred (1899-1980). Cineasta anglo-americano. *Atores, Cinema.*

HOFFMAN, Abbie (1937-89). Anarquista americano. *Drogas, Guerra.*

HOFSTADTER, Richard (1916-70). Historiador americano. *Artes Plásticas.*

HOLIDAY, Billie [Atribuído a] (1915-59). Cantora americana. *Pais.*

HOLMES, Oliver Wendell (1809-94). Pensador e jurista americano. *Luxo.*

HOPE, Anthony (1863-1933). Escritor inglês. *Gênios.*

HOPE, Bob (1903-2003). Ator americano. *Idade, Pais, Religião.*

HUBBARD, Elbert (1856-1915). Escritor americano. *Vida.*

HUBBARD, Kim (1868-1930). Humorista americano. *Amigos, Dinheiro, Família, Felicidade, Guerra dos Sexos.*

HUGHES, Howard (1905-76). Bilionário americano. *Dinheiro.*

HUGHES, Rupert (1872-1956). Jornalista americano. *Gênios, Intuição.*

HUXLEY, Aldous (1894-1963). Escritor inglês. *Castidade, Felicidade, Igualdade, Mundo.*

INGE, William Ralph (1860-1954). Religioso inglês. *Crianças, Nação.*

ITARARÉ, Barão de (Apparacio Torelly) (1895-1971). Jornalista e humorista. *Brasil, Corrupção, Pena de Morte, Política.*

JAGGER, Mick (n. 1943). Roqueiro inglês. *Idade.*

JAGUAR (Sergio Jaguaribe) (n. 1932). Cartunista e boêmio. *Cristo, Dieta, Impotência, Martírio.*

JAMES, Henry (1843-1916). Escritor anglo-americano. *História.*

JARDEL (Almeida Ribeiro) (n. 1973). Jogador brasileiro de futebol radicado em Portugal. *Futebol.*

JARRY, Alfred (1873-1907). Dramaturgo francês, inventor da patafísica. *Filhos.*

JEANSON, Henri (1900-70). Escritor francês. *Patriotismo, Revolução, Tecnocratas.*

JEFFERSON, Thomas (1743-1826). Estadista americano. *Transportes.*

JOÃO XXIII, Papa (1881-1963). *Religião.*

JOBIM, Antonio Carlos (1927-94). Compositor e cantor. *Amor, Brasil, Dinheiro, Línguas, Música, Rio de Janeiro, Tipos, Xenofobia.*

JOHNSON, Lyndon (1908-73). Estadista americano. *Confiança.*

JOHNSON, Samuel (1709-84). Escritor e lexicógrafo inglês. *Casamento, Humanidade, Literatura, Patriotismo, Pescaria.*

JONG, Erica (n. 1942). Escritora americana. *Culpa.*

JONSON, Ben (1573-1637). Poeta e dramaturgo inglês. *Casamento.*

JOPLIN, Janis (1943-70). Roqueira americana. *Solidão.*

JORGE, Robson. Citado por Luiz Gravatá. *Computador*.

JOYCE, James (1882-1941). Escritor irlandês. *Judeus, Masturbação*.

KALMAR, Bert (1884-1947) e RUBY, Harry (1895-1974). Compositores americanos. *Viúvos*.

KANIN, Garson (1912-2000). Escritor e dramaturgo americano. *Casamento*.

KARAJAN, Herbert Von (1908-89). Maestro austríaco. *Música*.

KAUFMAN, George S. (1889-1961). Dramaturgo americano. *Disney World, Incesto*.

KENNEDY, Joseph P. (1888-1960). Político e bilionário americano. *Negócios*.

KENNEDY, William (n. 1926). Escritor americano. *Otários*.

KERR, Jean (n. 1923). Dramaturga americana. *Beleza*.

KIPLING, Rudyard (1865-1936). Poeta e escritor inglês. *Inteligência, Morte*.

KIRKLAND, Lane (1922-99). Empresário inglês. *Beber, Trabalho*.

KISSINGER, Henry (n. 1923). Executivo e político americano. *Ilegal*.

KNOX, Ronald (1888-1957). Escritor e religioso inglês. *Demônio*.

KOVACS, Ernie (1919-62). Ator americano. *Televisão*.

KRAUS, Karl (1874-1936). Escritor austríaco. *Guerra, Inimigos, Masturbação, Medicina, Otimismo, Política*.

KRUSHCHEV, Nikita (1894-1971). Estadista soviético. *Negócios*.

KUBITSCHEK, Juscelino (1902-76). Estadista brasileiro. *Política*.

KUBRICK, Stanley (1928-99). Cineasta americano. *Nação*.

LAET, Carlos de (1847-1927). Humorista e polemista. *Zé-povinho*.

LAFITTE, Paul (1839-1909). Escritor francês. *Idiota*.

LAING, R. D. (1927-98). Psicólogo escocês. *Deus*.

LAMARR, Hedy (1913-99). Atriz húngaro-americana. *Beleza*.

LARDNER, Ring (1885-1933). Escritor americano. *Desculpas*.

LAWRENCE, D. H. (1885-1930). Escritor inglês. *Errar*.

LAWRENCE, Jerome (1920-2004). Dramaturgo americano. *Psiquiatria*.

LEACOCK, Stephen (1869-1944). Humorista canadense. *Paixão, Vaidade*.

LEÃO, Danuza (n. 1935). Jornalista. *Adultério, Bater (em mulher), Etiqueta, Homossexualismo, Liberadas, Mulheres, Separações, Tédio*.

LEARY, Timothy (1921-2001). Psicólogo psicodélico americano. *Liberadas*.

LEBOWITZ, Fran (n. 1953). Jornalista americana. *Animais, Crianças, Democracia, Direitos, Franceses, Fumar, Hotéis, Humanidade, Idéias, Juventude, Londres, Lua-de-Mel, Moda, Mulheres, Rádio, Sucesso, Televisão, Verdade*.

LEC, Stanislaw J. (1909-66). Escritor polonês. *Gênios*.

LEE, Gipsy Rose (1913-70). Stripper americana. *Deus*.

LEE, Rita (n. 1947). Compositora e cantora. *Idade, Mulheres*.

LÊNIN, V. I. (1870-1924). Político soviético. *Liberdade*.

LENNON, John (1940-80). Roqueiro inglês. *Público*.

LERNER, Alan Jay (1918-87). Compositor americano. *Liberadas, Sorte*.

LESSA, Ivan (*n.* 1935). Jornalista e escritor. *Amor, Baianos, Brasil, Brasileiros, Catolicismo, Cristo, Epitáfios, Futuro, Homens, Juventude, São Paulo, Seios, Sexo, Sol, Tipos.*

LEVANT, Oscar (1906-72). Músico e humorista americano. *Beber, Hollywood, Humildade, Psicanálise, Saúde.*

LEWIS, Joe E. (1901-71). Comediante americano. *Beber, Dieta.*

LICHTENBERG, George Christoph (1742-99). Físico alemão. *Vaidade.*

LIEBLING, A. J. (1904-63). Jornalista americano. *Jornalismo.*

LIMEIRA, Zé (1900?-50). Repentista. *Boas Maneiras.*

LIPMAN, Maureen (*n.* 1946). Atriz e escritora inglesa. *Ménage à Trois, Sexo Oral.*

LIPPMAN, Walter (1889-1974). Jornalista americano. *Igualdade.*

LISPECTOR, Clarice (1925-77). Escritora. *Brasília.*

LOBÃO (*n.* 1957). Roqueiro brasileiro. *Rock 'n' Roll.*

LOIS, George (*n.* 1931). Publicitário americano. *Idéias.*

LOOS, Anita (1893-1981). Escritora americana. *Diamantes, Feministas, Homossexualismo, Inteligência.*

LOWELL, Robert (1917-77). Poeta americano. *Transportes.*

LUCE, Clare Boothe (1903-87). Dramaturga e diplomata americana. *Adultério, Comunismo, Orgulho.*

LUÍS XVI (1754-93). Rei francês. *Últimas Palavras.*

LUMIÈRE, Louis (1864-1948). Inventor francês. *Últimas Palavras.*

MAGNO, Paschoal Carlos (1906-80).

Diplomata e animador cultural. *Homossexualismo.*

MAIA, Carlito (1924-2002). Publicitário. *Bandeira Nacional, Beber, Brasil, Deus, Justiça, São Paulo.*

MAIA, Tim (1943-98). Cantor e compositor. *Adultério, Conquista, Dieta, Mentira.*

MAILER, Norman (*n.* 1923). Escritor americano. *Divórcio.*

MALRAUX, André (1901-76). Escritor e político francês. *Brasília, Cristo, Heróis.*

MAKIEWICZ, Herman J. (1897-1953). Roteirista americano de cinema. *Desculpas.*

MANSFIELD, Jayne (1932-67). Atriz americana. *Homens.*

MARAVILHA, Dario ("Dadá") (*n.* 1946). Jogador de futebol. *Futebol.*

MARCUSE, Herbert (1898-1979). Filósofo alemão. *Obscenidade.*

MARIA, Antonio (1921-64). Compositor e jornalista. *Adultério, Amor, Chorar, Desconfiança, Feiúra, Jornalismo, Juventude, Literatura, Mães, Mulheres, Saúde, Separações, Solidão.*

MARQUES, Vitor Hugo. Citado por Luiz Gravatá. *Computador.*

MARQUIS, Don (1878-1937). Humorista americano. *Crianças, Idade, Idéias, Literatura.*

MARTIN, Dick (*n.* 1939). Humorista americano. *Casamento.*

MARTIN, Steve (*n.* 1945). Ator americano. *Mulheres.*

MARTINO, Telmo (*n.* 1930). Jornalista. *Cantores, Literatura.*

MARTINS, Justino (1917-83). Jornalista. *Fidelidade.*

MARX, Groucho (1890-1977). Ator e

humorista americano. *Adultério, Anatomia, Atores, Autobiografia, Cama, Casamento, Comédia, Crianças, Desculpas, Ex-mulher, Filhos, Fracasso, Literatura, Luxo, Maridos, Memória, Militares, Monogamia, Morte, Paquera, Profundidade, Restaurantes, Seios, Silêncio, Teatro, Televisão.*

MASCARENHAS, Eduardo (1942-97). Psicanalista e político. *Adultério, Alma, Impotência, Psicanálise, Sexo.*

MAUGHAM, W. Somerset (1874-1965). Escritor inglês. *Adultério, Americanos, Amor, Cama, Comer, Excesso.*

MAUROIS, André (1885-1967). Escritor francês. *Idade Média.*

MAYER, Louis B. (1885-1957). Magnata americano do cinema. *Últimas Palavras.*

McCARTHY, Mary (1912-89). Escritora americana. *Violência.*

McCULLOUGH, Colleen. Escritora australiana. *Idade.*

McLAREN, Malcolm (*n.* 1946). Roqueiro inglês. *Rock 'n' Roll.*

McLUHAN, Marshall (1911-80). Sociólogo canadense. *Futuro, Obsoleto.*

MEAD, Margaret (1901-78). Antropóloga inglesa. *Inteligência, Liberadas.*

MEDAGLIA, Julio (*n.* 1938). Maestro. *Rock 'n' Roll.*

MELVILLE, Herman (1819-91). Escritor americano. *Beber.*

MENCKEN, H. L. (1880-1956). Jornalista e polemista americano. *Adultério, Americanos, Amor, Beber, Beijo, Casamento, Comunismo, Consciência, Cristianismo, Democracia, Fé, Filosofia, Fumar, Governo, Idade, Igreja, Inferiores, Lar, Literatura,* *Monogamia, Moralismo, Mulheres, Ódio, Ópera, Prostituição, Protestantismo, Puritanismo, Verdade.*

MENDES, Murilo (1901-75). Poeta e diplomata. *Guerra.*

MENNINGER, Karl (1893-1990). Psiquiatra americano. *Violência.*

MIDLER, Bette (*n.* 1945). Cantora e atriz americana. *Fantasias.*

MIÉLE, Luiz Carlos (*n.* 1938). Apresentador de TV. *Epitáfios.*

MILLAY, Edna St. Vincent (1892-1950). Poeta americana. *Vida.*

MILLER, Arthur (1915-2005). Dramaturgo americano. *Viúvos.*

MILLER, Henry (1891-1980). Escritor americano. *Literatura.*

MINNELLI, Liza (*n.* 1946). Cantora e atriz americana. *Casamento.*

MIRANDA, Carmen (1909-55). Cantora. *Atração, Galinhagem.*

MISTINGUETT (1874-1956). Cantora e dançarina francesa. *Beijo.*

MITCHELL, Margaret (1900-49). Escritora americana. *Desprezo.*

MITFORD, Nancy (1904-73). Escritora inglesa. *Crianças.*

MIZNER, Wilson (1876-1933). Dramaturgo e playboy americano. *Cinema, Fracasso, Hollywood, Ópera, Plágio, Sucesso, Vida.*

MONROE, Marilyn (1926-62). Atriz americana. *Enriquecer, Liberadas.*

MONTAIGNE (Michel de) (1533-92). Pensador francês. *Burrice, Silêncio.*

MONTEIRO, Ciro (1913-73). Cantor. *Adultério.*

MONTESQUIEU (1689-1755). Pensador francês. *Cristo.*

MORAES FILHO, Evaristo de (1933-99). Advogado. *Pena de Morte.*

MORAES, Vinicius de (1913-80). Diplomata, poeta e compositor. *Ani-*

mais, Avião, Bandeira Nacional, Cariocas, Catolicismo, Críticos, Deus, Fé, Feiúra, Orgasmo, Paixão, Pênis, Ronco, Sexo, Sol, Viúvos.

MOREAU, Jeanne (*n.* 1928). Atriz francesa. *Idade.*

MORGAN, J. P. (1837-1913). Bilionário americano. *Advogados, Dinheiro, Experiência.*

MORLEY, Christopher (1890-1957). Escritor americano. *Moda.*

MORTIMER, John (*n.* 1923). Escritor inglês. *Saúde.*

MUGGERIDGE, Malcolm (1903-90). Jornalista inglês. *Guerra, Orgasmo.*

MUSSET, Alfred de (1810-57). Escritor e dramaturgo francês. *Amigos.*

NABOKOV, Vladimir (1899-1977). Escritor anglo-russo. *Psicanálise.*

NAPOLEÃO (1769-1821). Militar e imperador francês. *Direitos, História, Medicina, Revolução.*

NASH, Ogden (1902-71). Poeta humorístico americano. *Maridos, Ódio, Progresso.*

NASSAR, Raduan (*n.* 1935). Escritor e agricultor. *Literatura.*

NATHAN, George Jean (1882-1958). Jornalista americano. *Beber, Casamento.*

NAVA, Pedro (1903-84). Médico e memorialista. *Experiência.*

NEVES, David (1938-94). Cineasta. *Sexo.*

NEWTON, Isaac (1642-1727). Cientista inglês. *Filosofia.*

NIEMEYER, Carlinhos (1920-2000). Produtor de cinema e folião. *Carnaval, Epitáfios.*

NIETZSCHE, Friedrich (1844-1900). Filósofo alemão. *Animais, Deus, Fatos.*

NUNES, Max (*n.* 1922). Médico e humorista. *Anatomia, Brasília, Catástrofes, Comer, Educação, Filhos, Impostos, Morte, Negócios, Pena de Morte, Revolução, Ricos, Violência.*

O'HENRY (1862-1910). Escritor americano. *Casamento.*

O'MALLEY, Austin (1858-1932). Escritora americana. *Memória.*

O'MARIE, Irmã Carol Anne (*n.* 1933). Freira e escritora policial americana. *Idade.*

O'ROURKE, P. J. (*n.* 1938). Jornalista e escritor americano. *Moda.*

OATES, Joyce Carol (*n.* 1938). Escritora americana. *Amor.*

OGILVY, David (1911-99). Publicitário americano. *Publicidade.*

OLIVEIRA, Carlinhos (José Carlos) (1934-86). Jornalista e escritor. *Feministas.*

OLIVETTO, Washington (*n.* 1953). Publicitário. *Paquera.*

ONASSIS, Aristoteles (1902-75). Armador turco, falso grego. *Dinheiro, Mentira, Negócios, Ópera, Ricos.*

ONASSIS, Jacqueline Kennedy (1929-94). Viúva americana. *Poder.*

OPPENHEIMER, J. Robert (1904-67). Cientista americano. *Otimismo.*

ORTON, Joe (1933-67). Dramaturgo inglês. *Boas Maneiras.*

ORWELL, George (1903-50). Escritor inglês. *Guerra, Literatura, Santo, Socialismo.*

"SEU" OSWALDO. Proprietário de botequim, citado por Jaguar. *Beber.*

PAGNOL, Marcel (1893-1974). Dramaturgo francês. *Ciência.*

PAIVA, Miguel (*n.* 1950). Cartunista. *Cariocas, Dieta, Mulheres.*

259

PARKER, Dorothy (1893-1967). Poeta e escritora americana. *Atores, Dinheiro, Epitáfios, Filhos, Homens, Homossexualismo, Idade, Inferiores, Literatura, Los Angeles, Masturbação, Tédio.*

PARTON, Dolly (*n.* 1946). Cantora americana. *Feministas.*

PEARSON, Maryon (1897-1972). Dona de casa. A frase se refere a seu marido, Lester Pearson, quando este se tornou primeiro-ministro do Canadá. *Sucesso.*

PEDREIRA, Agamenon Mendes. Pseudônimo conjunto de Hubert Aranha (*n.* 1960) e Marcelo Madureira (*n.* 1959). *Bancos, Camisinha, Carnaval, Dieta, Dívida, Fome, Homossexualismo, Masturbação, Mineiros, Negócios, Nepotismo, Ócio, Política, Sucesso, Televisão, Tipos, Violência.*

PELÉ (*n.* 1940). Jogador de futebol e empresário. *Futebol, Virgindade.*

PERELMAN, S. J. (1904-79). Escritor americano. *Amor.*

PETER, Laurence J. (1919-90). Escritor canadense. *Animais, Burocracia, Conquista, Crime, Cristianismo, Honestidade, Idade, Incompetência, Lua-de-Mel, Pessimismo, Sexo, Tentações.*

PETIT-SENN, Jules. Escritor francês. *Etiqueta.*

PHILIP, Príncipe da Inglaterra (*n.* 1921). Marido da rainha Elizabeth. *Boas Maneiras.*

PICABIA, Francis (1879-1953). Pintor francês. *Intelectuais.*

PICASSO, Pablo (1881-1973). Pintor espanhol. *Deus, Vaidade.*

PIERCE, Charles (1926-99). Transformista americano. *Amantes, Tipos.*

PLANCK, Paula (*n.* 1950). Publicitária. *Disney World.*

POMPIDOU, Georges (1911-74). Estadista francês. *Economia.*

PONTE PRETA, Stanislaw (Sergio Pôrto) (1923-68). *Humorista. Adultério, Comer, Conselhos, Corrupção, Demônio, Homossexualismo, Literatura, Moralismo, Política, Pudor.*

POPE, Alexander (1688-1744). Poeta inglês. *Monarquia.*

POPKIN, Zelda (1898-1983). Escritora americana. *Adultério.*

PORTER, Linda (1883-1954). Milionária americana e sra. Cole Porter. *Casamento.*

PÔRTO, Sergio. Ver PONTE PRETA, Stanislaw

POWELL, Anthony (1905-2000). Escritor inglês. *Idade.*

PRIESTLEY, J. B. (1894-1984). Escritor inglês. *Adolescência.*

PROUST, Marcel (1871-1922). Escritor francês. *Beleza.*

QING, Jiang (1914-91). Viúva de Mao Tsé-tung e ex-ditadora chinesa. *Poder.*

QUARESMA, Tania (*n.* 1949). Cineasta. *Brasília.*

QUEIROZ, Eça de (1845-1900). Escritor e diplomata português. *Brasileiros, Fumar.*

RAND, Sally (1884-1966). Dançarina americana. *Dinheiro.*

REAGAN, Ronald (1911-2004). Estadista americano. *Impostos.*

REALE JR., Miguel (*n.* 1944). Advogado. *Monarquia.*

REED, Rex (*n.* 1938). Jornalista americano. *Atores, Hollywood.*

RENARD, Jules (1864-1910). Escritor e dramaturgo francês. *Adultério, Intelectuais, Literatura, Perdão.*

RESENDE, Otto Lara (1922-92). Jornalista e escritor. *Dinheiro, Literatura, Marxismo, Mineiros, Morte, Psicanálise.*

RIBEIRO, João Ubaldo (*n.* 1941). Escritor. *Publicidade.*

RICE, Robert (*n.* 1916). Escritor americano. *Crime.*

RICHARDSON, Ralph (1902-83). Ator inglês. *Atores.*

RICHELIEU, Cardeal (1585-1642). Estadista francês. *Pena de Morte.*

RIVAROL, Antoine de (1753-1801). Jornalista francês. *Anatomia, Assassinato.*

RIVERS, Joan (*n.* 1939). Comediante Americana. *Boas Maneiras, Café-da-Manhã, Casamento, Crianças, Galinhagem, Ginástica, Lar, Maridos, Ménage à Trois, Sado-Masô.*

ROBBINS, Harold (1916-2001). Escritor americano. *Amantes.*

ROCHA, Glauber (1938-81). Cineasta e polemista. *Macho, Marxismo.*

RODRIGUES, Nelson (1912-80). Jornalista e dramaturgo. *Adultério, Amigos, Bater (em mulher), Brasileiros, Brasília, Burrice, Canalhas, Casamento, Castidade, Catolicismo, Contradições, Convivência, Deus, Educação Sexual, Epitáfios, Feministas, Filhos, Honestidade, Ilusão, Inimigos, Juventude, Liberdade, Marxismo, Medo, Mulheres, Nudez, Obscenidade, Óbvio, Palavrões, Perdão, Público, Revolução, Sexo, Sinceridade, Sorte, Subdesenvolvimento, Teatro, Televisão, Unanimidade, Virtude.*

ROGERS, Will (1879-1955). Ator e "fi-lósofo" popular americano. *Comunismo, Governo, Sucesso.*

ROMANOFF, Mike (1890-1972). Restaurateur americano. *Atores, Beber.*

ROOSEVELT, Franklin D. (1882-1945). Estadista americano. *Radicais, Vaidade.*

ROOSEVELT, Teddy (1858-1919). Estadista americano. *Ladrão.*

RO RO, Angela (*n.* 1949). Compositora e cantora. *Excesso, Homossexualismo, Humanidade, Ménage à Trois, Pênis, Prostituição.*

ROSA, João Guimarães (1908-67). Escritor e diplomata. *Mineiros.*

ROSE, Billy (1899-1966). Produtor americano de teatro. *Dinheiro.*

ROSSET, Cacá (*n.* 1954). Ator e diretor de teatro. *Comunismo.*

ROSTAND, Edmond de (1868-1918). Dramaturgo francês. *Ódio.*

ROSTAND, Jean (1894-1977). Escritor francês. *Medicina, Verdade.*

ROUSSEAU, Jean-Jacques (1712-78). Escritor e filósofo francês. *Felicidade, Pudor.*

ROWLAND, Helen (1875-1950). Jornalista americana. *Beijo, Casamento, Confiança, Intuição, Maridos, Sinceridade.*

RUSSELL, Bertrand (1872-1970). Filósofo e matemático inglês. *Catolicismo, Eficiência, Felicidade, Obstinação.*

RUSSELL, Lord John (1792-1878). Estadista inglês. *Sogras.*

RUSSO, Renato (1960-96). Cantor e compositor. *Sofrimento.*

SABINO, Fernando (1924-2004). Escritor. *Juventude, Lei, Otimismo, Viagens.*

SADE, Marquês de (1740-1814). Escritor francês. *Excesso.*

SAGAN, Françoise (*n.* 1935). Escritora francesa. *Ciúme, Homens.*

SAKI (1870-1916). Escritor inglês. *Crianças, História.*

SALINGER, J. D. (*n.* 1919). Escritor americano. *Maturidade.*

SALOMÃO, Waly (*n.* 1944). Poeta e escritor. *Homossexualismo.*

SANTAYANA, George (1863-1952). Escritor e filósofo americano. *Passado, Suicídio.*

SARGENTO, Nelson (*n.* 1924). Compositor e cantor. *Amor.*

SARTRE, Jean-Paul (1905-80). Dramaturgo e escritor francês. *Inferno, Vergonha.*

SAVINHO. Filósofo de botequim citado por Atenéia Feijó. *Beber.*

SAYERS, Dorothy L. (1893-1957). Escritora inglesa. *Boas Maneiras, Fofoca.*

SCHLESINGER JR., Arthur (*n.* 1917). Economista americano. *Homossexualismo.*

SCHOLES, Percy A.(1899-1958). Musicólogo inglês. *Dicionário.*

SCHULTZ, Charles (1922-2001). Cartunista americano. *Humanidade.*

SHANKLEY, Bill (1913-81). Dirigente inglês de futebol. *Futebol.*

SHAW, George Bernard (1856-1950). Dramaturgo e escritor inglês. *Assassinato, Beleza, Ciência, Dança, Democracia, Desencontros, Deus, Dieta, Economia, Felicidade, Filhos, Fofoca, Hollywood, Homens, Ingleses, Jornalismo, Juventude, Lar, Línguas, Moda, Música, Pais, Paixão, Perdão, Revolução, Saúde, Socialismo, Sucesso, Vergonha, Virtude.*

SHERWOOD, Robert (1896-1955). Dramaturgo e escritor americano. *Atores.*

SILVA, Fausto (FAUSTÃO) (*n.* 1950). Apresentador de TV. *Crise.*

SILVA, Guta Magalhães E. Citado por Luiz Gravatá. *Computador.*

SILVEIRA, Joel (1918-2007). Jornalista. *Brasil, Governo, Homossexualismo, Pena de Morte.*

SIMÃO, José (*n.* 1943). Jornalista. *Idade.*

SIMON, Neil (*n.* 1927). Dramaturgo americano. *Nova York.*

SINATRA, Frank (1915-98). Cantor e ator americano. *Morte.*

SMITH, Stevie (1902-71). Poeta inglesa. *Anatomia.*

SOARES, Jô (*n.* 1938) Ator e apresentador de TV. *Cama, Deus, Epitáfios, Impunidade, Ladrão, Lobby.*

SOLNADO, Raul (*n.* 1922). Ator português. *Línguas.*

SORIANO, Waldick (*n.* 1933). Cantor e compositor. *Mães.*

ST. JOHNS, Adela Rogers (1894-1988). Jornalista americana. *Deus, Maridos.*

STÁLIN, Joseph (1879-1953). Ditador soviético. *Burocracia, Morte.*

STEIN, Gertrude (1874-1946). Poeta e escritora americana. *Literatura, Vaidade.*

STEINEM , Gloria (*n.* 1935). Feminista americana. *Carreira, Casamento, Guerra dos Sexos, Liberadas, Maridos, Mulheres.*

STENDHAL (1783-1842). Escritor francês. *Religião.*

STEVENSON, Adlai (1900-65). Político americano. *Jornalismo, Poder.*

STINNET, Caskie (*n.* 1911). Escritora americana. *Diplomacia.*

STOPPARD, Tom (n. 1937). Dramaturgo inglês. *Jornalismo, Razão, Socialismo.*

STREISAND, Barbra (n. 1942). Cantora e atriz americana. *Casamento.*

STURGES, Preston (1898-1959). Cineasta americano. *Boas Maneiras, Casamento, Maturidade.*

SUED, Ibrahim (1923-95). Jornalista. *Cama, Saúde.*

SUPLICY, Eduardo Matarazzo (n. 1941). Político. *Línguas.*

SUTHERLAND, Douglas (1845-1914). Escritor inglês. *Novos-Ricos.*

SWIFT, Jonathan (1667-1745). Escritor irlandês. *Coragem, Ingleses.*

TALLEYRAND (Charles Maurice de) (1754-1838). Estadista francês. *Perdão.*

TERRAZA, Marly (n. 1935). Dona de casa. *Mães.*

THOREAU, Henry David (1817-62). Escritor americano. *Humanidade.*

THURBER, James (1894-1961). Escritor e cartunista americano. *Maturidade, Política.*

TOMLIN, Lily (n. 1939). Atriz americana. *Pessimismo.*

TOSCANINI, Arturo (1867-1957). Maestro italiano. *Beijo.*

TRACY, Spencer (1900-67). Ator americano. *Pobres.*

TRILLING, Lionel (1905-75). Escritor americano. *Igualdade.*

TRINTA, Joãosinho [Atribuída a] (n. 1939). Carnavalesco. *Luxo.*

TRUFFAUT, François (1932-84). Cineasta francês. *Amor.*

TRUMAN, Harry S. (1884-1972). Estadista americano. *Emprego.*

TUCKER, Sophie (1884-1966). Cantora americana. *Ricos.*

TURNER, Lana (1920-95). Atriz americana. *Beijo, Sucesso.*

TURNER, Ted (n. 1939). Empresário americano de telecomunicação. *Humildade.*

TWAIN, Mark (1835-1910). Escritor americano. *Conservadores, Cristo, Digestão, Errar, Ex-mulher, Fracasso, Fumar, Humanidade, Jornalismo, Mentira, Palavrões.*

UNGERER, Tomi (n. 1931). Escritor e ilustrador alemão. *Literatura, Maldade.*

USTINOV, Peter (1921-2001). Ator inglês. *Artes Plásticas, Pais.*

VALÉRY, Paul (1871-1956). Poeta francês. *Amor, Futuro, Solidão.*

VARGAS, Getúlio (1883-1954). Ditador e estadista. *Política.*

VASCONCELLOS, Marcos de (1933-89). Arquiteto, escritor e compositor. *Idade.*

VAUGHAN, Bill (1915-77). Humorista americano. *Emprego.*

VELOSO, Caetano (n. 1942). Compositor e cantor. *Público.*

VERISSIMO, Érico (1905-75). Escritor. *Imortalidade.*

VERISSIMO, Luis Fernando (n. 1937). Escritor. *Amantes, Anatomia, Animais, Crise, Erotismo, Fantasias, Gaúchos, Lei, Liberadas, Macho, Palavrões, Reencarnação, Rio de Janeiro, Vida.*

VIAN, Boris (1920-59). Escritor e compositor francês. *Dinheiro.*

VIDAL, Gore (n. 1925). Escritor americano. *Filhos, Homossexualismo, Narcisismo, Sucesso, Televisão.*

VINCI, Leonardo da (1452-1519). Artista plástico e inventor italiano. *Casamento.*

VINHAS, Luiz Carlos (1940-2001). Músico. *Ex-mulher.*

VOLTAIRE (1694-1778). Escritor e filósofo francês. *Advogados, Autoridades, Casamento, Catolicismo, Deus, Divórcio, Etiqueta, Idéias, Ignorância, Ingleses, Inimigos, Luxo, Medicina, Público, Razão, Trabalho, Verdade.*

WAGNER, Jane (*n.* 1935). Humorista americana. *Dieta.*

WARHOL, Andy (1926-87). Artista plástico americano. *Sexo.*

WALLACE, Edgar (1875-1932). Escritor inglês. *Intelectual.*

WAUGH, Evelyn (1903-66). Escritor inglês. *Boas Maneiras, Crime, Nudez, Sexo.*

WAYNE, John (1907-79). Ator americano. *Liberadas.*

WELLES, Orson (1915-85). Ator e cineasta americano. *Suíça.*

WERTHAM, Frederic (1895-1981). Escritor americano. *Violência.*

WEST, Mae (1892-1980). Atriz e escritora americana. *Amor, Animais, Atração, Beber, Beijo, Boas Maneiras, Bondade, Casamento, Censura, Confiança, Diamantes, Dinheiro, Etiqueta, Excesso, Homens, Moda, Pênis, Pureza, Sexo, Vergonha.*

WHICHCOTE, Benjamin (1609-83). Escritor inglês. *Pudor.*

WHITE, E. B. (1899-1985). Jornalista e escritor americano. *Capitalismo.*

WHITEHORN, Katherine (*n.* 1926). Jornalista inglesa. *Filhos.*

WHITTON, Charlotte (1896-1975). Política canadense. *Carreira.*

WIENER, Norbert (1894-1964). Matemático americano, pai da cibernética. *Consciência.*

WILDE, Oscar (1856-1900). Escritor, poeta e dramaturgo irlandês. *Amigos, Amor, Café-da-Manhã, Casamento, Chatos, Cinismo, Ciúme, Coerência, Conquista, Consciência, Desculpas, Desprezo, Dinheiro, Etiqueta, Felicidade, Fofoca, Fumar, Humanidade, Idade, Impostos, Inimigos, Jornalismo, Juventude, Mães, Maridos, Martírio, Missionários, Moda, Monogamia, Moralismo, Mulheres, Mundo, Namoro, Pais, Paixão, Presentes, Profundidade, Razão, Separações, Sociedade, Tentações, Verdade, Vida, Viúvos.*

WILDER, Billy (1906-2002). Cineasta americano. *Café-da-Manhã, Cantores, Cinema, Cinismo, Ciúme, Conquista, Televisão.*

WILLIAMS, Tennessee (1911-83). Dramaturgo americano. *Solidão.*

WILSON, Earl (1907-87). Jornalista americano. *Experiência, Fotografia, Lar, Sucesso.*

WINTERS, Shelley (*n.* 1922). Atriz americana. *Casamento, Ingleses, Vaidade.*

WODEHOUSE, P. G. (1881-1975). Escritor inglês. *Assassinato, Casamento, Confiança, Família, Fumar, Idade.*

WOLFE, Tom (*n.* 1931). Jornalista e escritor americano. *Conservadores.*

WOLFF, Fausto (*n.* 1940). Jornalista e escritor. *Dieta.*

WOOLLCOTT, Alexander (1887-1943). Jornalista e radialista americano. *Gosto, Teatro.*

WOTTON, Henry (1568-1639). Escritor e diplomata inglês. *Diplomacia*.

WRIGHT, Frank Lloyd (1869-1959). Arquiteto americano. *Expert*.

XUXA (*n*. 1963). Apresentadora de TV. *Filhos*.

YANKWICH, Leon R. Advogado americano. *Filhos*.

YOTI, Myers. Escritora Americana. *Sexo*.

YOUNGMAN, Henny (1906-98). Humorista americano. *Adultério, Carreira, Casamento, Cozinha, Desconfiança, Desencontros, Dieta, Dinheiro, Família, Filhos, Idade, Incesto, Maridos, Paixão, Sogras, Vaidade, Virgindade*.

ZAPPA, Frank (1940-93). Roqueiro americano. *Drogas, Rock 'n' Roll*

ZEFFIRELLI, Franco (*n*. 1922). Diretor italiano de teatro e cinema. *Brasil*.

ZICO (*n*. 1953). Jogador de futebol e empresário. *Futebol*.

ZINGG, David Drew (1924-2000). Fotógrafo americano radicado no Brasil. *Sexo*.

ZIRALDO (*n*. 1932). Cartunista e escritor. *Impotência, Mães*.

ZUKOR, Adolph (1873-1976). Pioneiro do cinema americano. *Últimas Palavras*.

RUY CASTRO nasceu em 1948. Começou como repórter em 1967, no *Correio da Manhã*, do Rio, e passou por todos os grandes veículos da imprensa carioca e paulistana. A partir de 1990, concentrou-se nos livros. Dele, a Companhia das Letras já publicou *Chega de saudade: A história e as histórias da Bossa Nova* (1990), *O anjo pornográfico: A vida de Nelson Rodrigues* (1992), *Saudades do século 20* (1994), *Estrela solitária: Um brasileiro chamado Garrincha* (1995), *Ela é carioca: Uma enciclopédia de Ipanema* (1999), *Bilac vê estrelas* (2000), *A onda que se ergueu no mar: Novos mergulhos na Bossa Nova* (2001), *O pai que era mãe* (2001), *Carnaval no fogo: Crônica de uma cidade excitante demais* (2003), *Carmen: Uma biografia* (2005), *Um filme é para sempre: 60 artigos sobre cinema* (2006), *Tempestade de ritmos: Jazz e música popular no século XX* (2006) e *O leitor apaixonado* (2009).

COMPANHIA DE BOLSO

Jorge AMADO
Capitães da Areia

Hannah ARENDT
Homens em tempos sombrios

Philippe ARIÈS, Roger CHARTIER (Orgs.)
História da vida privada 3 — Da Renascença ao Século das Luzes

Karen ARMSTRONG
Uma história de Deus

Paul AUSTER
O caderno vermelho

Marshall BERMAN
Tudo que é sólido desmancha no ar

David Eliot BRODY, Arnold R. BRODY
As sete maiores descobertas científicas da história

Jacob BURCKHARDT
A cultura do Renascimento na Itália

Italo CALVINO
O cavaleiro inexistente
Fábulas italianas
Por que ler os clássicos

Bernardo CARVALHO
Nove noites

Jorge G. CASTAÑEDA
Che Guevara: a vida em vermelho

Ruy CASTRO
Chega de saudade
Mau humor

Louis-Ferdinand CÉLINE
Viagem ao fim da noite

Jung CHANG
Cisnes selvagens

Catherine CLÉMENT
A viagem de Théo

Joseph CONRAD
Coração das trevas
Nostromo

Charles DARWIN
A expressão das emoções no homem e nos animais

Jean DELUMEAU
História do medo no Ocidente

Georges DUBY (Org.)
História da vida privada 2 — Da Europa feudal à Renascença

Rubem FONSECA
Agosto
A grande arte

Meyer FRIEDMAN, Gerald W. FRIEDLAND
As dez maiores descobertas da medicina

Jostein GAARDER
O dia do Curinga
Vita brevis

Jostein GAARDER, Victor HELLERN, Henry NOTAKER
O livro das religiões

Fernando GABEIRA
O que é isso companheiro?

Luiz Alfredo GARCIA-ROZA
O silêncio da chuva

Eduardo GIANNETTI
Auto-engano
Vícios privados, benefícios públicos?

Edward GIBBON
Declínio e queda do Império Romano

Carlo GINZBURG
O queijo e os vermes

Marcelo GLEISER
A dança do Universo

Tomás Antônio GONZAGA
Cartas chilenas

Philip GOUREVITCH
Gostaríamos de informá-lo de que amanhã seremos mortos com nossas famílias

Milton HATOUM
Dois irmãos
Relato de um certo Oriente
Eric HOBSBAWM
O novo século
Albert HOURANI
Uma história dos povos árabes
Henry JAMES
Os espólios de Poynton
Retrato de uma senhora
Ismail KADARÉ
Abril despedaçado
Franz KAFKA
O castelo
O processo
John KEEGAN
Uma história da guerra
Amyr KLINK
Cem dias entre céu e mar
Jon KRAKAUER
No ar rarefeito
Milan KUNDERA
A arte do romance
A identidade
A insustentável leveza do ser
O livro do riso e do esquecimento
Danuza LEÃO
Na sala com Danuza
Paulo LINS
Cidade de Deus
Gilles LIPOVETSKY
O império do efêmero
Claudio MAGRIS
Danúbio
Naghib MAHFOUZ
Noites das mil e uma noites
Javier MARÍAS
Coração tão branco

Ian McEWAN
O jardim de cimento
Heitor MEGALE (Org.)
A demanda do Santo Graal
Evaldo Cabral de MELLO
O nome e o sangue
Patrícia MELO
O matador
Jack MILES
Deus: uma biografia
Ana MIRANDA
Boca do Inferno
Vinicius de MORAES
Livro de sonetos
Antologia poética
Fernando MORAIS
Olga
Toni MORRISON
Jazz
Vladimir NABOKOV
Lolita
Friedrich NIETZSCHE
Além do bem e do mal
Ecce homo
Genealogia da moral
Humano, demasiado humano
O nascimento da tragédia
Adauto NOVAES (Org.)
Ética
Os sentidos da paixão
Michael ONDAATJE
O paciente inglês
Malika OUFKIR, Michèle FITOUSSI
Eu, Malika Oufkir, prisioneira do rei
Amós OZ
A caixa-preta
José Paulo PAES (Org.)
Poesia erótica em tradução

Georges PEREC
A vida: modo de usar

Michelle PERROT (Org.)
*História da vida privada 4 — Da Revolução
Francesa à Primeira Guerra*

Fernando PESSOA
Livro do desassossego
Poesia completa de Alberto Caeiro
Poesia completa de Álvaro de Campos
Poesia completa de Ricardo Reis

Décio PIGNATARI (Org.)
Retrato do amor quando jovem

Edgar Allan POE
Histórias extraordinárias

Antoine PROST, Gérard VINCENT (Orgs.)
*História da vida privada 5 — Da Primeira
Guerra a nossos dias*

Darcy RIBEIRO
O povo brasileiro

Edward RICE
Sir Richard Francis Burton

João do RIO
A alma encantadora das ruas

Philip ROTH
Adeus, Columbus
O avesso da vida

Elizabeth ROUDINESCO
Jacques Lacan

Arundhati ROY
O deus das pequenas coisas

Salman RUSHDIE
Os versos satânicos

Oliver SACKS
Um antropólogo em Marte

Carl SAGAN
Bilhões e bilhões
Contato
O mundo assombrado pelos demônios

Edward W. SAID
Orientalismo

José SARAMAGO
O Evangelho segundo Jesus Cristo
O homem duplicado
A jangada de pedra

Arthur SCHNITZLER
Breve romance de sonho

Moacyr SCLIAR
A majestade do Xingu
A mulher que escreveu a Bíblia

Dava SOBEL
Longitude

Susan SONTAG
*Doença como metáfora / AIDS e suas
metáforas*

I. F. STONE
O julgamento de Sócrates

Drauzio VARELLA
Estação Carandiru

Caetano VELOSO
Verdade tropical

Erico VERISSIMO
Clarissa
Incidente em Antares

Paul VEYNE (Org.)
*História da vida privada 1 — Do Império
Romano ao ano mil*

XINRAN
As boas mulheres da China

Edmund WILSON
Os manuscritos do mar Morto
Rumo à estação Finlândia

Simon WINCHESTER
O professor e o louco

1ª edição Companhia das Letras [2002] 2 reimpressões
1ª edição Companhia de Bolso [2007] 3 reimpressões

Esta obra foi composta pela Verba Editorial
em Janson Text e impressa pela Prol Editora Gráfica em ofsete
sobre papel Pólen Soft da Suzano Papel e Celulose

A marca FSC® é a garantia de que a madeira utilizada na fabricação do papel deste livro provém de florestas que foram gerenciadas de maneira ambientalmente correta, socialmente justa e economicamente viável, além de outras fontes de origem controlada.